Thomas Hafner, Jürg Luchsinger (Hrsg.)

Eine Taufe – viele Meinungen

T0145653

TVZ
Theologischer Verlag Zürich

Umschlagbild:
«Taufe Christi im Jordan» der romanischen Kirchendecke von St. Martin, Zillis (Kanton Graubünden) aus dem Jahr 1114.
© Stiftung Kirchendecke Zillis ®
Foto: ARGE Restauratoren Kirchendecke Zillis; Emmenegger, Franz, Häusel, Rampa

Die Deutsche Bibliothek – Bibliografische Einheitsaufnahme
Die Deutsche Bibliothek verzeichnet diese Publikation in der Deutschen National-bibliografie; detaillierte bibliografische Daten sind im Internet über http://dnb.ddb.de abrufbar.

Umschlaggestaltung: Simone Ackermann und Zeljko Gataric, Zürich
Druck: ROSCH-Buch, Scheßlitz

ISBN 978-3-290-17474-3
© 2008 Theologischer Verlag Zürich
www.tvz-verlag.ch

Inhaltsverzeichnis

THOMAS HAFNER, JÜRG LUCHSINGER

Vorwort

Die christliche Taufe ist kein Thema, über das sich Christen *auch noch* unterhalten können. In ihr laufen verschiedene Verständnisse des Christ- und Kircheseins brennpunktartig zusammen. An der Taufe hängt viel, und es wird und *ist* viel mit ihr verbunden. Angesichts teils hitzig ge- führter Taufdiskussionen in unserem Land schien es dem Vorstand der «Arbeitsgemeinschaft für biblisch erneuerte Theologie» (AfbeT) gut, den Studientag 2007 diesem vielschichtigen Thema zu widmen.

Dieser Band enthält alle Referate, die am 27. Januar 2007 in Aarau ge- halten wurden. Die am «Jubiläums»-Studientag – die AfbeT feierte ihr 25-jähriges Bestehen – aus Zeitgründen teilweise gekürzten Vorträge lie- gen hier nun in voller Länge und in überarbeiteter Form vor, ergänzt durch Fussnoten und Bibliografien, die zum vertieften Studium und Ge- spräch einladen.

BEAT WEBER macht nach einer kurzen Einführung in den Studientag eine «Auslegeordnung heutiger Spannungsfelder». Er spricht bereits alle wesentlichen Fragen und Probleme an, formuliert Konsens und Dissens und bezieht Position. Da nach WEBER Theologie und Biografie bei der Tauffrage in aller Regel konvergieren, legt er eingangs seinen eigenen Hintergrund und Werdegang offen.

DIETER KEMMLER trägt in seiner speziellen Art «Beobachtungen zu Röm 6,1–14» zusammen, um die Bedeutung der Taufe zu erheben. Be- sondere Aufmerksamkeit schenkt er der Textstruktur. Zum Schluss bettet er das Ergebnis ansatzweise biblisch-theologisch ein.

BERNHARD OTT denkt im ökumenischen Kontext über das «Missi- onssakrament» Taufe nach. Er bemüht sich um eine Verständigung im Interesse der Mission. Detailliert und differenziert stellt er das täufe- rische Taufverständnis dar, nennt dessen Grenzen und Gefährdungen, formuliert aber auch kritische Anfragen an die Säuglinge taufenden Kir- chen. Er erörtert schliesslich die Möglichkeit gegenseitiger Taufanerkennung, damit das, was alle Christen einen könnte, sie wegen verschiedener Taufauffassungen nicht länger trennt und in der Mission behindert. RALPH KUNZ macht in seinem Beitrag auf erfrischend offene Weise auf die nicht ausgleichbaren Spannungen reformierter Taufpraxis aufmerksam, um dann – mehr phänomenologisch-soziologisch als theologisch – die Pluralität der Taufpraxis bei den Reformierten heute darzulegen und ekklesiologisch zu deuten. Um die heutige Taufpraxis zu verstehen, beleuchtet er die kirchliche Lage zur Zeit von ZWINGLI und BULLINGER. Er zeigt, wie und warum die damals ungelösten Spannungen und Widersprüche im 20. Jahrhundert aufbrechen (K. BARTH, J. MOLTMANN). Anstelle radikaler Forderungen plädiert er jedoch für Schritte in Richtung Gläubigentaufe und für einen «konziliaren Lernprozess».

Die vorliegenden Referate decken natürlich nicht das ganze Feld der Tauffrage ab. Insbesondere im exegetischen Bereich wären einige weitere neu- und alttestamentliche Texte einzubeziehen. Man möge sich am Vorhandenen freuen, etwa am selten beachteten sachlichen Zusammenhang von Röm 6 mit Joh 14 und 17 (vgl. KEMMLER 55ff.). Es bedürfte schliesslich einiger Weisheit und Klugheit, um die zahlreichen exegetischen Fäden überzeugend und transparent zu verweben, so dass von der Spindel des biblischen Wortes her auf dem Webstuhl der Dogmatik ein reissfestes Textil entstünde, das dann in den Schneidstuben der diversen Gemeinden und Kirchen für deren massgeschneiderte Tauflehre und -praxis, für die Mission und das Miteinander der Kirchen Verwendung finden könnte.

Christen mit ihren unterschiedlichen Erfahrungen, Meinungen und Theologien haben sich an der Tagung zusammengesetzt und sind in ein konstruktives und lehrreiches Gespräch eingetreten. Dies wurde besonders in den nachmittäglichen Workshops geübt. Im Hintergrund standen brennende Fragen im Zusammenhang mit den sich häufenden «Wiedertaufen» und mit gewissen «Schieflagen» der Taufpraxis in Landes- und Freikirchen (vgl. WEBER, 26–29; OTT, 69–72). Ein weiterer Anlass zur Wahl des Themas war das «Täuferjahr 2007», das über die Schweiz hinaus seine Kreise zog.

Vorwort

Der Vorstand der AfbeT ist sich bewusst, mit diesem Buch keinen Durchbruch in dem komplexen Themenfeld präsentieren zu können, freut sich jedoch an den kleinen Erkenntnis- und Gesprächsfortschritten vor, während und nach dem Studientag. Es ist schon einiges gewonnen, wenn verkürzte Sichtweisen erweitert sowie schiefe Fremdwahrnehmungen korrigiert werden und die Diskussion nicht auf die Alternative reduziert wird, ob denn nun die Säuglingstaufe oder die Erwachsenentaufe die richtige Taufe sei.

Mit Blick auf den Buchtitel und angesichts der steten Gefahr theologischer Denkfaulheit hielte es der Vorstand für unzureichend, wenn sich Christen mit einer bunten Meinungsvielfalt in Sachen Taufe zufriedengeben würden. Denn die Taufe ist kein von Menschen erfundenes Ritual; sie stammt von Gott (vgl. Mk 11,29–31) und ist Christi Auftrag. Daher ist sie kein Tummelplatz für religiöse Bedürfnisse. Sie ist kein bunter Blumengarten, wo jeder hineinpflanzen mag, was ihm gefällt. Ebenso wenig erstrebenswert ist aber eine (wohl erzwungene) uniformierte Tauftheologie samt entsprechender Praxis.[1]

Für das Wohl der Kirche und der Kirchen dürfte es im Übrigen weniger wichtig sein, eine punktgenaue und einheitliche Tauftheologie zu haben respektive eine strikte Taufpraxis zu üben, als vielmehr darauf zu achten, «dass wir in allem, was wir für eine Reform der Kirche und der Taufe tun, beharrlich und fröhlich Christus nachfolgen» (s. u. KUNZ, 123). Diese Nachfolge schliesst aber das Kreuz in sich und damit den Verzicht auf das Rechthabenwollen und das Durchsetzen der eigenen (individuellen oder kollektiven) Meinung bzw. Überzeugung, mag sie noch so richtig sein. Das Kreuz schliesst das Leiden an Absurditäten der eigenen oder benachbarten Kirche in sich und dispensiert gleichzeitig nicht vom Kampf für das, was wir als wahr und richtig erkannt haben.

---

[1] So leitete z. B. der Kirchenrat der Evang.-Ref. Landeskirche des Kantons Aargau im Oktober 2007 aufgrund einer Beschwerde ein Disziplinarverfahren gegen einen ihrer Pfarrer ein, der eine Taufe bzw. Wiedertaufe vorgenommen hatte. Dies zeigt die Ernsthaftigkeit der Frage und illustriert das seit den Tagen der Reformation ungelöste Dilemma.

Deshalb stellt sich die Frage: *Leben* wir als Getaufte? Ist unsere Theologie, ist auch unsere gemeindliche und überkonfessionelle Praxis schon «mit dem Abbild seines Todes aufs Engste verbunden» (Röm 6,5)?

Die AfbeT ist weder eine theologische Schule noch folgt sie einer fixierten theologischen Richtung. Sie will vielmehr der ganzen Heiligen Schrift Gehör schenken, um dann – unter Anerkennung ihrer göttlichen Autorität und menschlichen Gestalt – sorgfältig ihren Worten nachzudenken.[2] Sie wurde im Jahr 1982 unter Federführung von JOHANNES HEINRICH SCHMID, WOLFGANG BITTNER, REINHARD FRISCHE und ALFRED ZIMMERMANN auf dem Bienenberg, oberhalb Liestal (Schweiz), gegründet.[3] Seither finden sich in dieser Hör- und Arbeitsgemeinschaft Theologinnen, Theologen und theologisch interessierte Laien aus Landes- und Freikirchen zusammen.

Die Herausgeber haben zu danken: Frau Marianne Stauffacher vom Theologischen Verlag Zürich für die Aufnahme dieses Büchleins in das Verlagsprogramm und die freundliche wie unkomplizierte editorische Betreuung, besonders durch den Lektoren Rolf Siegenthaler; ausserdem ihrem Kollegen Pfr. Philipp Nanz, Fahrwangen AG, und ihrer Kollegin Pfrn. Therese Schmid-Stähelin, Allmendingen BE, für die Mühen des Korrekturlesens.

Die hier verwendeten bibliografischen Abkürzungen folgen in der Regel den Angaben in: Abkürzungen Theologie und Religionswissenschaft nach RGG⁴ (UTB 2868), hg. v. der Redaktion der RGG⁴, Tübingen 2007. Bibelstellen werden, wo nicht anders angegeben, nach der Zürcher Bibel 2007 zitiert.

Aarburg/Walterswil, im November 2007

---

[2] Vgl. dazu Näheres in: JOHANNES H. SCHMID (Hg.), Unterwegs zu biblisch erneuerter Theologie (Theologie und Dienst 40), Giessen/Basel 1984.

[3] SCHMIDs Referat und die Bibelarbeiten sind publiziert in: «Unterwegs zu biblisch erneuerter Theologie». Vgl. HANS HAUZENBERGER, Erinnerungen an die Anfänge der Arbeitsgemeinschaft für biblisch erneuerte Theologie (AfbeT), in: PHILIPP NANZ (Hg.), Der Erneuerung von Kirche und Theologie verpflichtet. Freundesgabe für Prof. Dr. Johannes Heinrich Schmid, Riehen 2005, 10–12.

BEAT WEBER

Einführung in den Studientag

Werte Kolleginnen und Kollegen

Ich heisse Sie zum diesjährigen Studientag der Schweizerischen «Arbeitsgemeinschaft für biblisch erneuerte Theologie» (AfbeT) herzlich willkommen. Der heutige Anlass ist ein besonderer, und zwar in doppelter Hinsicht:

Zum einen begehen wir in diesem Jahr das silberne Jubiläum: 25 Jahre AfbeT. Es wäre spannend, JOHANNES HEINRICH SCHMIDs Grundsatzreferat von 1982 durchzugehen und nach der bleibenden Relevanz angesichts einer gewandelten Ausgangslage in Gesellschaft, Kirche und Theologie zu fragen.[1] Seine Aussagen dürften für die heutige «Theologie in dürftiger Zeit», wie der Wiener Systematiker ULRICH KÖRTNER vor zehn Jahren formulierte,[2] nach wie vor relevant sein.

Wir begehen zum andern in diesem Jahr das «Täuferjahr 2007», das unter dem Motto steht: «Die Wahrheit solt bezüget werden.» Es nahm seinen Ausgang im Emmental, hat seinen Schwerpunkt im Kanton Bern, zieht aber Kreise in die weitere Schweiz und darüber hinaus nach Holland und in die USA. So reihen sich in die Grussworte der fast 70-seitigen Broschüre zum Täuferjahr nicht nur solche von landes- und freikirchlichen, sondern auch von politischen Repräsentanten aus der Schweiz, den USA und den Niederlanden.[3]

Das Echo, das dieses Täuferjahr ausgelöst hat – noch bevor es richtig angefangen hat –, und der Umstand, dass sich heute mit über hundert Teilnehmenden eine grosse Zahl aus unterschiedlichen Kirchen und Kon-

---

[1] SCHMID, Unterwegs, 7–27. Einige Überlegungen dazu finden sich unter WEBER, Psalm 1, 197–208.

[2] KÖRTNER, Theologie in dürftiger Zeit.

[3] Die Broschüre findet sich auch unter www.anabaptism.org (besucht im November 2007).

texten zu unserem Studientag eingefunden hat, zeigt, dass es sich bei der «Taufe» um mehr als nur um ein Thema handelt, über das man *auch noch* reden kann. Ohne Aussagen der heutigen Referenten vorwegnehmen zu wollen, kann man sagen: Die Taufe erweist sich als Brennpunkt, in dem verschiedene «Debatten» zusammenlaufen und sich Fragen des Christ- und Kircheseins (nicht nur in unserem Land) verdichten.

Eine Vielzahl von Veranstaltungen und Teilnehmenden vermag allerdings noch nicht das Wegweisende zustande zu bringen. Mein Wunsch und Gebet für unseren Anlass war und ist, dass uns in den vielen Worten ein prophetisches Wort gegeben werden möchte, ein Wort das uns richtet wie ausrichtet, den Weg weist und etwas vom Wunder des grossen, in der Taufe beschlossenen Geheimnisses zum Leuchten bringt.

Als «Arbeitsgemeinschaft», die zu einer «biblisch erneuerten Theologie» unterwegs sein will, hören wir – nach einer vorangestellten Auslegeordnung – zunächst auf das biblische Wort. Als zweites werden wir hineinhören in das Gespräch, das die Kirchen untereinander über die Taufe führen und werden dabei ein besonderes Wort den «Taufgesinnten» zugestehen. Am Nachmittag wird aus landeskirchlich-reformierter Sicht die Verbindung von Tauftheologie und Taufpraxis bedacht. Der Praxisgedanke leitet über zu den Workshops, die Sie zu *einem* Teilaspekt der Taufe miteinander ins Gespräch bringen wollen. Der Studientag schliesst mit einem Podiumsgespräch.

Bevor wir mit dem theologischen Gespräch beginnen und *über* die Taufe sprechen, möchte ich uns – und ich nehme an, dass ich dies zu Recht tue – als Getaufte ansprechen. Ich lade Sie ein, dass wir unseren Glauben bezeugen, indem wir miteinander das Apostolische Glaubensbekenntnis sprechen. Daran anschliessend sind wir eingeladen, zur Vergewisserung unserer Taufe einzustimmen in das Lied: «Ich bin getauft auf deinen Namen ...» (RG 177).

Ich bin getauft auf deinen Namen,
Gott Vater, Sohn und Heilger Geist;
und so ist alles Ja und Amen,
was mir dein teures Wort verheisst.

Ich bin in Christi Tod versenkt;
ich bin mit seinem Geist beschenkt.

Bibliografie

Gesangbuch der Evangelisch-reformierten Kirchen der Deutschschweiz, Basel/ Zürich 1998 [= RG].

KÖRTNER ULRICH H. J., Theologie in dürftiger Zeit. Die Aufgabe der Theologie und das Problem einer biblischen Hermeneutik im gegenwärtigen Kontext von Kirche und Gesellschaft, JBTh 12 (1997), 153–179.

SCHMID JOHANNES H. (Hg.), Unterwegs zu biblisch erneuerter Theologie (Theologie und Dienst 40), Giessen/Basel 1984.

—, Was heisst biblisch erneuerte Theologie? Anregungen – Anfragen – Wünsche, in: SCHMID (Hg.), Unterwegs zu biblisch erneuerter Theologie, 7–27.

WEBER BEAT, Psalm 1 und seine Funktion der Einweisung, in: PHILIPP NANZ (Hg.), Der Erneuerung von Kirche und Theologie verpflichtet. Freundesgabe für Prof. Dr. Johannes Heinrich Schmid, Riehen 2005, 175–212.

BEAT WEBER

Taufe zwischen Theologie, Kirchenverständnis und Praxis

Eine Auslegeordnung heutiger Spannungsfelder

In dieser Auslegeordnung geht es darum, die mit der Taufe verbundenen Spannungsfelder anzusprechen. Ich benenne in der hier gebotenen Kürze Probleme, formuliere Konsens und Dissens, wage auch Position zu beziehen. Dies geschieht manchmal mit gewissen Zuspitzungen.

Theologie und (kirchliche) Biografie konvergieren nicht selten, bei der Taufe in aller Regel. Deshalb vorab einige Worte zu meiner Person: Ich bin im Zürcher Oberland in eine Familie der «Taufgesinnten», heute besser bekannt als «Evangelische Täufergemeinde» (ETG) oder verkürzt als «Neutäufer», hineingeboren worden. Nach schwierigen Pubertätsjahren habe ich mit 18 Jahren eine «Bekehrung» erfahren und mich im August 1974 in der Evangelischen Täufergemeinde Uster taufen und in die Gemeinde aufnehmen lassen. Ich habe dann nacheinander an der FETA (heute STH) und an der Theologischen Fakultät der Universität Basel Theologie studiert. In einer späteren Lebensphase haben meine Frau und ich uns von der Täufergemeinde in Basel, der wir inzwischen angehörten, verabschiedet und sind in die Basler Evangelisch-reformierte Kirche eingetreten. Unsere drei Kinder haben wir nach der Geburt in die Gemeinde zum «Segnen» gebracht, aber nicht taufen lassen. Seit 1994 bin ich evangelisch-reformierter Pfarrer in der Berner Kirche, und zwar in einem Landpfarramt im Emmental. Dort taufe ich praktisch ausschliesslich Säuglinge (bei zwei Kindersegnungen innerhalb von zwölf Jahren). Ich tue das mit einem gewissen «Unwohlsein», das mehr von der Taufpraxis in meiner Kirche als von ihrer Tauftheologie herrührt.

Bevor ich unter sechs Themenkreisen die Auslegeordnung entfalte, drei Vorbemerkungen:

1. Ich verwende nachfolgend die Begriffe «Säuglingstaufe» und «Gläubigentaufe» als Hauptarten der Taufpraxis, ohne mit den Bezeichnungen Wertungen zu verbinden. Die erste Form ist die Regelform in den evangelischen, katholischen und orthodoxen Volkskirchen, die zweite Art ist üblich in vielen freikirchlichen und allen täuferisch-baptistischen Denominationen innerhalb des Protestantismus.[1]

2. Wir kommen alle aus unterschiedlichen Kirchen, allermeist aus dem protestantisch-reformierten Spektrum. Wir können heute einige Dinge andenken und bedenken, haben aber von den Kirchen, denen wir angehören, für Beschlüsse in dieser Sache kein Mandat.

3. Was in der Taufe geschieht bzw. was sich in ihr zeigt, geht ihrem Verstehen und gedanklichen Erfassen voraus und ist mehr als dieses.

1. Die Taufe im Spannungsfeld von Bibel, Tradition und Situation

Exegetisch besteht weitgehend Konsens darüber, dass die Gläubigentaufe der neutestamentlichen Tauflehre am ehesten entspricht bzw. die damalige Praxis widerspiegelt. So zeigt sich in Apg 2,37–41, dass persönliche Umkehr, Wortannahme, Gläubigwerden, Geistempfang und Hinzugetanwerden zur Gemeinde unmittelbar mit der Taufe verbunden sind. Vom biblischen Befund her kann die Gläubigentaufe gegenüber der Säuglingstaufe als «die vorzugswürdigere Form»[2] eingestuft werden.[3] Einige Aussagen, insbesondere solche, die von der Taufe eines Familienoberhauptes mit seinem (ganzen) Haus o. Ä. sprechen (Apg 16,15.33;

---

[1] Die wichtigsten konfessionellen und denominationellen Positionen zur Taufe samt den darüber geführten zwischenkirchlichen und ökumenischen Dialogen und Erklärungen finden sich zusammengestellt bei GELDBACH, Taufe. Eine knappe Übersicht (Schaubild) wichtiger Fragestellungen zur Taufe bietet FREY, Repetitorium, 330–332.

[2] KERNER, Gläubigentaufe, 256.

[3] Das gilt m. E. unabhängig davon, ob die Taufe «sakramental» als Gottes Handeln am Menschen oder «symbolisch» als Antwort des Menschen auf Gottes Handeln verstanden wird.

1Kor 1,16), geben indes Anlass zu Erwägungen, inwiefern die Taufe nicht nur individuell, sondern auch familiär-korporativ verstanden werden muss.[4] Umstritten ist, ob von diesen Bibelstellen her die Praxis der Säuglingstaufe legitimiert werden kann.

Die Alte Kirche ging mit der Zeit dazu über, Säuglinge ihrer Mitglieder zu taufen.[5] Nach dem Zusammengehen von Obrigkeit und Kirche in der so genannten Konstantinischen Wende wurde die Taufe zunehmend volksumgreifend angewandt. Die gewandelte Situation hinsichtlich Mission, Glaubenstradierung und Stellung der Kirche war für den Wechsel von der Gläubigen- zur Säuglingstaufe (mit)entscheidend. Strittig ist, ob die Kirche damit eine Verstehensoption des biblischen Befundes legitimerweise aufgenommen hat oder ob diese Entwicklung als Irrweg zu beurteilen ist.

In den zwischenkirchlichen und ökumenischen Dialogen ist die Gläubigentaufe m. W. von keiner Kirche *grundsätzlich* bestritten, auch wenn sie nicht die Regeltaufe der grossen evangelischen, katholischen und orthodoxen Konfessionen darstellt. Umgekehrt wird in einigen (Frei-)Kirchen die Säuglingstaufe als gültige Form christlicher Taufe *generell* abgelehnt. Neben dieser grundsätzlichen Ablehnung findet sich eine Position, dass die Säuglingstaufe unter gewissen Bedingungen[6] zu akzeptieren ist – zumindest im Einzelfall und aus seelsorgerlichen Gründen.

Weitgehende Einheit besteht hinsichtlich der *Einmaligkeit* der (Wasser-)Taufe. Kommt es zu «Wiedertaufen», dann werden diese in der Regel nicht als Wiederholung verstanden. Sie werden vielmehr als «Ersttaufen» aufgefasst, d. h. die Säuglingstaufe wird *nicht* als Taufe anerkannt.

---

[4] Eine für die reformatorisch-reformierte Argumentation (Bundesgedanke) wichtige Stelle ist auch Kol 2,11–15. Vgl. dazu LOCHER, Wahrheit, 51.

[5] LEUENBERGER, Taufe, 42: «Eine theologisch verantwortete Entscheidung für oder wider die Taufe Unmündiger ist in der Alten Kirche nie getroffen worden. Die Praxis der Kindertaufe ist gleichsam von selbst gewachsen und nicht eigentlich herbeigeführt worden.»

[6] Z. B. dass beim Taufversprechen und der Erziehung der Glaube der Eltern zum Tragen kam oder der zum Glauben Gekommene seine Säuglingstaufe als rechtmässige Taufe auffasst. Näheres dazu unten im Beitrag von B. OTT, 92–94 (Position B).

Dass dies zu zwischen- und neuerdings auch innerkirchlichen Belastungen führt, ist leicht einzusehen.

2. Kasus, Ritus, Heilszeichen oder Heilsmittel? – zur Einordnung der Taufe als Übergangsritus

In jüngerer landeskirchlich-universitärer Theologie wird die Taufe in verstärktem Masse unter den Kategorien «Kasus»[7] und «Ritual»[8] gefasst. Beide Aspekte zu bedenken ist legitim. Mit ihnen verbinden sich allerdings meist Akzentverschiebungen, die zur theologischen Unterbestimmung der Taufe führen. Die Vernachlässigung des ursprünglichen Sinngehalts erleichtert zudem eine problematische «Umnutzung» der Taufe, die dadurch verstärkt in den Sog einer «religiösen Dienstleistung» gerät.[9]

Bei der Redeweise vom «Kasus» wird die Taufe zu den kirchlichen Amtshandlungen gezählt und den anderen Kasualien (Konfirmation,

---

[7] Vgl. ALBRECHT, Kasualtheorie (vgl. die dort angegebene Literatur). Für die Schweiz vgl. BERGER, Formen, der 2006 als Fazit einer Tagung festhält: «Der Mainstream geht derzeit davon aus, dass die Kasualien eine Schatzkammer sind, gerade weil sie respektieren, dass die ‹Kirche von Fall zu Fall› eine eigenständige Form der Kirchlichkeit ist, die nicht als minderwertig angesehen werden darf. Ihr Akzent liegt auf der lebensgeschichtlichen Begleitung des Einzelnen. – Gleichzeitig kann man von einer neuen Betonung der Treue zur Tradition reden. Angesichts der Konkurrenzangebote finden liturgische Gestaltungsfragen und rituelle Aspekte zunehmend Beachtung …» (8).

[8] Hierzu ist auf laufende Studien des Instituts für Praktische Theologie der Christkatholischen und Evangelischen Theologischen Fakultät der Universität Bern im Rahmen des Nationalen Forschungsprogramms 52 («Rituale und Ritualisierungen in Familien. Religiöse Dimensionen und intergenerationelle Bezüge») hinzuweisen. In ihnen wird neben Weihnachten und dem Abendmahlsritual auch die Taufe als Ritual u. a. mit Methoden der Sozialforschung untersucht. Erste Hinweise liefern BOECK, Mikrofon; AEBISCHER, Taufe, und MÜLLER, Perspektivenwechsel.

[9] Ich hege den Verdacht, dass innerhalb einer säkularen Gesellschaft und einer teils sich selbst säkularisierenden Kirche (!) ihr damit der nötige Rückhalt gesichert werden soll.

Trauung, Bestattung) beigeordnet.[10] Es handelt sich bei diesen jedoch um Handlungsvollzüge, die nicht das Heil selber betreffen, sondern schöpfungstheologisch einzuordnen sind[11] und damit bei Weitem nicht den biblisch-theologischen Stellenwert der Taufe haben. Darüber hinaus bleibt bei der Propagierung einer «Kirche von Fall zu Fall» der verpflichtende Charakter der Taufe und die Einfügung in den Leib Christi unterbelichtet oder wird ganz ausgeblendet.[12]

Bei der Fassung der Taufe unter die Kategorie des «Ritus» bzw. «Rituals»[13] wird diese unter liturgischen, inszenierenden und funktionalen Aspekten betrachtet. Die damit verbundene Hervorhebung des Gestaltungs-, Vollzugs- und Bewältigungscharakters führt nicht selten zur Zurückdrängung des Gehalts. Ästhetik, Erlebnisdichte und Bewältigungserfahrungen rücken in den Vordergrund.

Angebrachter ist es m. E., mit der kirchlichen Tradition die Taufe primär als «Heilszeichen» oder «Heilsmittel» – ich vermeide den Begriff

---

[10] Das Deutungsmuster «Kasualie» wird durch die volkskirchliche Realität insofern gestützt, als sich darin ein «stabiler Typus volkskirchlichen Teilnahmeverhaltens» (ALBRECHT, Kasualtheorie, 2) darstellt, die Kasualien allgemein (immer noch) eine hohe Akzeptanz haben und auch von kirchendistanzierten Menschen in Anspruch genommen werden.

[11] Die ursprünglich der Taufe zu- bzw. nachgeordnete «Konfirmation», die in der heutigen kirchlichen Landschaft eine eher unklare, ja, diffuse Funktion einnimmt, sei hier einmal ausgeklammert.

[12] So fasst ALBRECHT, Kasualtheorie, den Kasus (u. a. Taufe) von einem formalen Bildungsbegriff her «als eine zur Selbstaufklärung über die eigenen Handlungsmöglichkeiten, Handlungsfähigkeiten und Handlungsbedingungen bereite Haltung» (VI). Wenn Albrecht damit Eltern, die für ihren Säugling die Taufe begehren, «die Fähigkeit zu selbständigem Urteil und selbständigem Handeln» (9) zubilligt, klingt dies aufgeklärt und freiheitlich (und entlastet zugleich die Pfarrersleute). Bei abnehmender biblischer Kenntnis, christlicher Verankerung und kirchlicher Einbettung vieler Kirchenmitglieder läuft ein solcher Ansatz aber darauf hinaus, dass nicht mehr die Heilige Schrift für das Geschehen leitend ist, sondern die jeweilige Verstehensoption der Eltern massgeblich für die Füllung des Kasus wird. Ein derartiges *À-la-carte*-Modell ist m. E. der in der Taufe ausgedrückten Heilsübereignung nicht angemessen.

[13] Vgl. zu dieser Perspektive ALBRECHT, Kasualtheorie, 155–161.

Beat Weber

«Sakrament» – zu verstehen und sie dem Abendmahl zuzuordnen. Bei Taufe und Abendmahl ist die Verbindung von Wort, Zeichen und Glaube wesentlich. Das unbegreifliche Heil Gottes wird dem Menschen in der Gestalt zweier «Zeichenhandlungen» sichtbar und sinnenhaft erfahrbar zuteil.[14]

Gegenüber einem Kasualverständnis, das die lebenszyklische Einbettung im Sinne eines Schwellenritus zum Ausdruck bringt, kann die Taufe biblisch-theologisch gesehen als einziger *Rite de Passage* gelten. Sie markiert als christliche Initiation die Wende vom Unheil zum Heil, vom Menschenkind zum Gotteskind. Bedeutung und Füllung der Taufe kann dementsprechend nicht beliebig sein, vielmehr ist mit ihr von der Sache her der *status confessionis* gegeben.

3.   Taufe als Verbindungs- und Scheid(e)zeichen

In und mit der Taufe geschieht Heilsübereignung, oder aber – nach anderer Auffassung – sie ist das Zeichen, das auf dieses Geschehen verweist. In ihr wird der Anfang und die bleibende Verbindung mit dem dreieinen Gott, namentlich mit Jesus Christus und seinem Heilswirken, sichtbar (sich taufen lassen auf den Namen Jesu Christi zur Vergebung der Sünden, vgl. Apg 2,38). Sie hat neben dem schenkenden auch einen ver-

---

14 ROTHEN, Schriftverständnis, betont die enge Verbindung zwischen der Heiligen Schrift (und ihrem Verstehen), der Kirche (und ihrem Erkennbarwerden) und den Sakramenten Taufe und Abendmahl. Er sagt: «Die Heilige Schrift ist den Getauften gegeben. Sie gehört denen, die sich am Abendmahlstisch sammeln. Das hat für das rechte Verständnis dieser Schriften grosse und sofort einsichtige Folgen.» (188). Als Massnahme für Berufstheologen an den Theologischen Fakultäten schlägt er vor, dass diese zu ihrer Taufe Stellung beziehen sollen: «Wir dürfen und müssen von den Lehrern der Kirche, von den Theologieprofessoren wie von ihren Schülern, den Pfarrern, erwarten und einfordern, dass sie sich offen zu ihrer Taufe bekennen und dass ihre Auslegung der Schrift und ihre zusammenfassende Darstellung des Glaubens geleitet und genährt ist von dem, was sie am Abendmahlstisch empfangen und feiern.» (209).

20

pflichtenden Charakter: Sie ruft in ein Leben unter der Gottesherrschaft, in die Nachfolge Christi.

Die Taufe gliedert in den Leib Christi, die Gemeinde, ein. Sie verbindet (wie das Abendmahl) alle Christen als Brüder und Schwestern miteinander und hat damit – jeder konfessionellen Ausprägung und Zugehörigkeit vorgeordnet – konfessionsübergreifenden Charakter.

Die Taufe ist auch ein Scheid(e)zeichen.[15] In ihr zeigt sich die Trennung des Täuflings von den Mächten des Bösen, von der «Welt» (im johanneischen Sinn) samt ihrer Lebensweise und auch von seiner Selbstbestimmung.

Die mit der Taufe markierten Trennlinien sind theologisch klar und scharf: vom Tod zum Leben, vom Machtbereich des Bösen in den Heilsbereich des trinitarischen Gottes, von der Selbstbestimmung zur Gottesherrschaft, vom Menschenkind zum Gotteskind.[16] Daran ist festzuhalten, auch wenn lebensgeschichtlich die Heilswende als prozesshaft erfahren wurde.[17] Auch im Blick auf die Taufe gilt die Verbindung von Heilsindikativ und Heilsimperativ: Werde, der oder die du bist!

---

[15] Als «Scheidezeichen» markiert es Trennung(en), als «Scheidzeichen» läutet es den Tod des alten Menschen ein (vgl. Röm 6,3–11).

[16] KERNER, Gläubigentaufe, 250ff., spricht davon, dass aufgrund des trinitarischen Handelns Gottes (Liebe des Vaters – Versöhnung durch den Sohn – Wirken des Heiligen Geistes) es zu einer Neukonstituierung der Identität des Menschen kommt. Er macht im Weiteren darauf aufmerksam, dass im Zusammenhang mit der Tauflehre die Differenzierung zwischen Gottes allgemeiner Heilsabsicht und seinem partikularen Heilshandeln wesentlich ist. Bei der Taufe geht es «um ein partikulares Handeln Gottes durch die Gemeinde als Leib Christi, das an eine bestimmte Bedeutung der Taufe im Rahmen des geschichtlichen Heilshandeln Gottes gebunden ist» (252). Daraus folgert er, dass weder die Heilszusage Jesu für die Kinder (Mk 10,14) noch die alttestamentlichen Erwählungsaussagen sich zur Begründung der Säuglingstaufe eignen.

[17] Auch bei der Taufe ist darauf zu achten, dass Theologie bzw. Lehre und die stärker auf die Lebensgeschichte ausgerichtete Seelsorge nicht gegeneinander ausgespielt werden.

4. Die mit der Taufe verbundenen Aspekte der Heilswende und deren Zuordnung

In der Bibel erscheint die Wassertaufe nicht isoliert, sondern im Verbund mit weiteren Aspekten der Heilswende: dem verkündigten Wort, dem Glauben, der Umkehr, der Geisttaufe, der Eingliederung in die Gemeinde, der Unterweisung. Dies ist weithin christlicher Konsens. Umstritten dagegen sind Zuordnung und Reihenfolge der verschiedenen Aspekte und die Gewichtung von Gottes und des Menschen Handeln darin.

Bei der Heilswende ist der Mensch *als Ganzer* beteiligt. Gleichwohl sind unterschiedliche Seiten bzw. Ebenen des Menschseins angesprochen: beim Glauben das Herz, beim Umsinnen der Verstand, beim Umkehren das Verhalten, beim Verkündigen und Bekennen der Mund. Die Taufe mit Wasser (und Geist) bringt am stärksten und klarsten zum Ausdruck, dass der Mensch mit Leib und Seele betroffen ist. Daher kommt der Taufe ein integrierendes und repräsentierendes Moment zu (vgl. Abb. 1).

Das Zueinander von Wort, Taufe, Glaube und Bekenntnis wird unterschiedlich beurteilt.[18] Die Täuferkirchen beurteilen die Reihenfolge: Glauben => Bekennen => Getauftwerden als normativ. Kirchen mit der Säuglingstaufe als Regeltaufe halten die Abfolge: Getauftwerden => Glauben => Bekennen für ebenso berechtigt.[19] Sie verbinden mit der Taufe einen stärker objektiven Charakter (Gottes Geistwirken). Da bei der Säuglingstaufe Eltern und Paten stellvertretend glauben (vgl. Mk 2,1–12) und öffentlich das Versprechen abgeben, das getaufte Kind auf den Glauben hin zu erziehen, steht auch bei dieser Taufpraxis – wenn auch in anderer Weise – der Glaube und das Bekenntnis am Anfang.

---

[18] Vgl. KERNER, Gläubigentaufe, 256, der das Verhältnis von Glaube und Taufe als Kernproblem der Diskussion um Säuglings- oder Gläubigentaufe betrachtet.

[19] Als mögliche liturgische Orte, den eigenen Glauben zu bekennen, kommen namentlich die Konfirmation oder Taufbestätigungsfeiern in Frage.

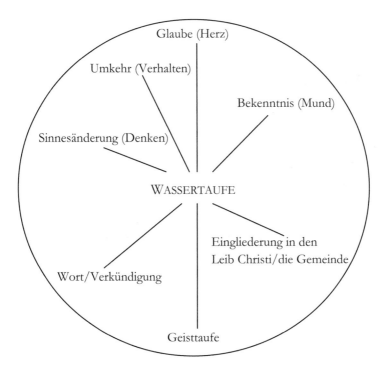

Abb. 1: Aspekte der Heilswende

Mit Säuglings- respektive Gläubigentaufe liegen nicht nur unterschiedliche Taufvollzüge vor. Mit ihnen sind zugleich unterschiedliche theologische Überzeugungen verbunden, v. a. was die Zuordnung von Gottes Wirken und des Menschen Antworten betrifft.

Bei beiden Taufarten gilt es, die unterschiedlichen Momente und Aspekte der Heilswende in Theologie und Praxis zusammenzuhalten. Selbst wenn Elemente zeitlich auseinanderliegen und man vom «Prozesscharakter christlicher Initiation»[20] reden will, darf in und mit der Taufe Zusammengehöriges nicht auseinandergerissen werden – eine Gefahr, die

---

[20] KERNER, Gläubigentaufe, 258f.

es nicht nur bei den Kirchen mit Säuglingstaufe, sondern auch in solchen mit Gläubigentaufe zu beachten gilt.

5. Die Taufe als Gottes Reden und Handeln und des Menschen Antworten

Die Frage, was im Taufgeschehen geschieht, wird unterschiedlich beantwortet. In der Tendenz wird bei den Säuglingstaufen der evangelischen Kirchen v. a. Gottes Gnadenwirken betont («vorlaufende Gnade»), während bei den Glaubenstaufen die Antwort des Menschen im Vordergrund steht. Die jeweils der Gegenposition gemachten Vorwürfe, etwa der «Gesetzlichkeit» (an die Adresse der Vertreter der Gläubigentaufe) respektive der «billigen Gnade» (an die Adresse der Vertreter der Säuglingstaufe), sind in dieser Pauschalität nicht berechtigt, benennen aber das Gefährdungspotenzial der jeweils anderen Überzeugung.

Das Taufverständnis der reformierten Tradition des Protestantismus, zu der auch die meisten (Schweizer) Freikirchen gehören, differenziert zwischen einem «äusseren» und einem «inneren» Geschehen. So wird im Berner Synodus von 1532 die Wassertaufe durch den Pfarrer («äusserlich») von der Geisttaufe durch Christus («innerlich») sachlich wie zeitlich – m. E. auf problematische Weise – abgesetzt.[21] Und bei vielen (Frei-)Kirchen mit Gläubigentaufe ist nicht die Taufe das Zentrale, sondern die vorgängige «Bekehrung» oder «Wiedergeburt»; die Begründung der Taufe

---

[21] Vgl. LOCHER, Synodus I, 20. Kapitel: «Die Sakramente dieser Kirche sind nicht blosse Zeichen, sondern Zeichen und heimliche Kraft Gottes zugleich miteinander. So ist es auch bei der heiligen Taufe: Der Diener [des Wortes] tauft mit Wasser und Christus zugleich mit seinem Geist. Nun taufen wir aber unsere Kinder so: Wir nehmen sie durch unser Taufen äusserlich in die Gemeinde Gottes auf in der Hoffnung, der Herr werde nach seiner ewigen Güte danach sein Amt bei ihnen ausrichten und sie mit dem heiligen Geist wirklich taufen ...».

als «Gehorsamsschritt» akzentuiert diese kaum und kommt einem Begründungsnotstand nahe.[22]

Die Reformierten – und zwar die Landeskirchen wie erstaunlicherweise auch die Freikirchen mit Gläubigentaufe bis hin zu den Täuferkirchen selbst – sind mit dieser Aufteilung des Taufgeschehens in innerliche und äusserliche Vorgänge und der damit verbundenen spiritualisierenden Tendenz ökumenisch gesehen am meisten gefährdet, die Taufe geringzuschätzen.[23] Zudem wird so ein problematisches Auseinandertreten zwischen dem Handeln Gottes und demjenigen des Menschen tendenziell gefördert.[24]

Um die Taufe kann man bitten, sie begehren, aber man kann sich nicht selber taufen. Ein Mensch lässt sich taufen (tolerativ) oder wird getauft (passiv). Getauft wird von Repräsentanten der Gemeinde (Wassertaufe) respektive von Gott selber (Geisttaufe). Beim Taufgeschehen liegt daher – ähnlich wie beim Glauben – ein Ineinander von Gottes und des Menschen Handeln vor, das von den Konfessionen und Denominationen je unterschiedlich auf die eine oder andere Seite hin akzentuiert wird.[25]

---

[22] Andererseits gibt es in Pfingstkirchen und gewissen charismatischen Kreisen eine Betonung der Geisttaufe (verbunden mit Gabenempfang).

[23] Ähnliches lässt sich hinsichtlich des anderen Heilszeichens bzw. Heilsmittels sagen. Das betrifft nicht nur die Theologie des Abendmahls, sondern äussert sich in der Praxis darin, dass die Landes- und Freikirchen aus dem reformierten Protestantismus gegenüber anderen Konfessionen das Abendmahl vergleichsweise spärlich feiern.

[24] Man beachte, dass bei der asymmetrischen Formulierung von Mk 16,16 das Verdammtwerden allein dem Nichtglauben zugeschrieben wird, das Heil dagegen nicht dem Glauben allein, sondern dem, der glaubt *und* getauft wird. Damit ist sowohl die enge Zusammengehörigkeit von Glauben und Sich-taufen-Lassen als auch die Wichtigkeit des Zweiten herausgestellt.

[25] In der Taufe wird das *extra nos* zum *in nobis* des Heils. Während es in der Soteriologie keine *cooperatio* zwischen Gott und Mensch geben kann (*solus Christus, sola gratia*), ist das Zusammenwirken von Gott und Mensch im Kontext der Pneumatologie ausdrücklich gegeben.

Eine Wirksamkeit Gottes in der Taufe ohne Einbezug des Menschen im Sinne des *ex opere operato* ist abzulehnen. Eine symbolische oder spiritualistische Auffassung der Taufe ist m. E. ebenfalls nicht hinreichend. In der Taufe ist an göttlichem *und* menschlichem Handeln festzuhalten. Das Zueinander der verschiedenen Elemente ist – ob Gläubigen- oder Säuglingstaufe – von der Schrift her und in Anregung durch andere Konfessionen neu zu überdenken.

6. Die Taufe zwischen Theologie, Kirchenverständnis und Praxis

Die Tauffrage ist zwischen Befürwortern der Gläubigen- und der Säuglingstaufe nicht nur *theologisch* umstritten. Der Graben wird zusätzlich durch die vorherrschende landeskirchliche *Praxis* des Taufens vertieft. Eine Änderung derselben ist nicht in Sicht. Die reformierten Kirchen erweisen sich, im Gegenteil, gegenüber auch aus den eigenen Reihen kommenden Kritiken und Vorschlägen[26] weithin resistent.[27]

Manche Pfarrersleute und Gemeindeglieder innerhalb unserer evangelisch-reformierten Kirchen kommen aufgrund der vorherrschenden Taufpraxis in Gewissensnöte – auch solche, die die Säuglingstaufe als biblisch legitim erachten. Sie beginnen sich davon (innerlich) zu distan-

---

[26] Vgl. dazu etwa LEUENBERGER, Taufe, der als Inhaber des Lehrstuhls für Praktische Theologie an der Theologischen Fakultät der Universität Zürich bereits 1973 Wesentliches auf den Punkt brachte.

[27] Die Diskussion ist aus meiner Optik eher festgefahren und verhärtet. Die einzige wesentliche Neuerung sehe ich darin, dass die Ordnungen der (meisten) evangelisch-reformierten (Kantonal-)Kirchen der Schweiz neben der Säuglingstaufe (als Regel) jetzt explizit die Möglichkeit einer Kindersegnung erwähnen. Damit kommt explizit oder implizit die Form der Gläubigentaufe stärker in den Blick. Bisher ist allerdings die Basler Thomaskirche innerhalb der evangelisch-reformierten Kirchen m. W. der einzige Kirchenbau in der Schweiz, der im Kirchenraum selber neben dem Kindertaufbecken ein (kreuzförmiges) in den Boden eingelassenes Taufbecken aufweist, wie es für die Gläubigentaufe (Untertauchen) passend ist und deren Sinntiefe entspricht (vgl. Röm 6,3–11).

zieren[28] oder versuchen Änderungen vorzunehmen[29] – bis hin zu «Zweittaufen».[30] Sieht man von Taufgedächtnis- bzw. Taufbestätigungsfeiern ab,[31] so greifen Änderungsversuche aus unterschiedlichen Gründen kaum. Das hängt auch damit zusammen, dass sie gesamtkirchlich nicht gestützt sind, Widerspruch erregen oder dazu führen, dass die Taufwilligen zu einem anderen Pfarrer oder in eine andere Kirchgemeinde ausweichen.

Als «wunder Punkt» in der Diskussion erweist sich insbesondere das Auseinanderklaffen von Taufe und Glaube. ERICH GELDBACH formuliert es in seinem ökumenischen Studienheft zur Taufe mit folgenden Worten:

«Das in ganz Europa weitaus verbreitetste Modell ist das der undifferenzierten, ‹unterschiedslosen›, ja ‹flächendeckenden› Anwendung der Säuglingstaufe. In der Polemik wird gesagt, dass dadurch ‹Karteileichen› oder ein ‹getauftes Heidentum› erzeugt werden. Unübersehbar ist, dass viele der Probleme, vor die sich die Kirchen heute gestellt sehen, mit diesem Modell in engstem Zusammenhang stehen.»[32]

An der Säuglingstaufe haften Kritikpunkte, die über die Bemängelung einer fehlgeleiteten Praxis hinausgehen:

a) Die Taufe in dieser Form sei das Einlasstor für «billige Gnade» und Allversöhnung.
b) Die vorherrschende Taufpraxis verdunkle die eigentliche Bedeutung der Taufe als Heilsübereignung und rücke stattdessen lebensgeschichtliche Aspekte (Schwellenritus) in den Vordergrund.

---

[28] Eine Variante besteht darin, die Bedeutung der Taufe (noch weiter) herabzustufen in Richtung einer reinen Segenshandlung.

[29] Unter dem Stichwort «Konsequenzen» finden sich bei LEUENBERGER, Taufe, 87ff., Vorschläge für eine Veränderung der Taufpraxis, etwa die Einführung eines «Elternkatechumenats».

[30] Zur noch nicht ausgestandenen Debatte um die «Wiedertaufe» vgl. Institut für Theologie und Ethik, Wiedertaufe; VERAGUTH, Blumen; OTT, Rezension.

[31] Vgl. BACHOFNER u. a., Taufgedächtnis.

[32] GELDBACH, Taufe, 192.

c) Kirche und Welt würden vermischt und eine Form von «Zivilreligion» propagiert.

d) Taufe diene als Mittel der Erhaltung kirchlicher Macht- und Legitimierungsstrukturen und damit der Aufrechterhaltung der Privilegien der Landeskirchen in Gesellschaft und Politik.

Derartige Anschuldigungen betreffen die Existenzweise und Verfasstheit der Landes- bzw. Volkskirchen nicht nur beiläufig, sondern in ihrem Kern.[33] Das macht die Diskussion brisant und die Abwehrhaltung der Kirchen(leitungen) erklärbar, die für einmal erstaunlich «konservativ» argumentieren und agieren.

Zur «Schieflage» der Taufpraxis tragen weiter bei:

a) die Lösung der Konfirmation von ihrem Rückbezug zur Taufe (Abschlussfeier des kirchlichen Unterrichts statt Bestätigung der Taufe aufgrund eigener Überzeugung);

b) die Freigabe des Abendmahls für Kinder vor dem Konfirmationsalter (Wegfall der Klärung von Glauben und Bekennen der Getauften);

c) die Anpassungen von Kirchenordnungen, die neuerdings ermöglichen, dass Elternteilen und Taufpaten *auch ohne* Zugehörigkeit zu einer christlichen Kirche und Konfession das Taufversprechen abgenommen wird;

d) die Erosion der Sonntagsschulen und anderes mehr.

Der in den zwischenkirchlichen Dialogen mehrfach gemachte Vorschlag eines Taufaufschubes in Situationen, wo bei der Säuglingstaufe der Glaube der Eltern nicht gegeben oder nicht klar sei, führt zur Problematik einer «Triage»: Wer entscheidet nach welchen Kriterien, ob den Eltern die Taufe ihres Kindes zu gewähren ist, Taufpaten zu akzeptieren sind und ihnen das Taufversprechen abgenommen wird?[34] Da das Herz für den Menschen uneinsehbar ist, kommt dem Herzensglauben nicht die Eigenschaft eines Scheid(e)zeichens zu, im Unterschied zur Taufe. Be-

---

[33] Vgl. ALBRECHT, Kasualtheorie, 61f.: «Es geht um das Selbstverständnis der Kirche zwischen Bekenntnisgemeinschaft und Volkskirche. Taufdebatten sind faktisch, wenn auch unbewusst, ekklesiologische Debatten.»

[34] Vgl. dazu auch die Überlegungen bei ROTHEN, Schriftverständnis, 187.

haftbarer ist das mündliche Bekenntnis, das Eltern und Taufzeugen mit dem Taufversprechen – zumindest indirekt – ablegen.[35] Eher noch objektivierbar wäre der Lebenswandel der Taufeltern, deren Beteiligung am kirchlichen Leben oder ein absolvierter Glaubens- bzw. Taufvorbereitungskurs als Zulassungsbedingung.[36] Gegen all diese Zulassungsbestimmungen werden theologische wie praktische Bedenken angemeldet, die es abzuwägen gilt.

Ein Blick auf die Kirchen mit Gläubigentaufe zeigt, dass – insbesondere in Gemeinden und Verbänden, wo das Wachstum eher generativ als durch Zuzug von aussen (Evangelisation) zustande kommt – sich Abläufe einstellen können, bei denen Glaube und Taufe (zu) stark auseinandergezogen werden oder wo der Taufvollzug nicht (allein) an Bekehrung und Bekenntnis zu Christus, sondern an einem lebensgeschichtlichen Übergang – vergleichbar mit der Konfirmation – festgemacht wird.

Lassen Sie mich mit einer Taufgeschichte aus dem Emmental schliessen, sie ist zu einem Stück Weltliteratur geworden. Es handelt sich um JEREMIAS GOTTHELFs «Schwarze Spinne»:[37] Weil die Taufleute mit sich und den Umständen dieses Tages absorbiert sind, findet die Taufunterweisung des Pfarrers in der Kirche nicht die nötige Aufmerksamkeit und läuft ins Leere. Also lässt Gott den Grossvater eine alte, schaurige Geschichte erzählen. Dadurch ruft er der Taufgesellschaft die Bedeutung und Verpflichtung der Taufe in Erinnerung und malt sie ihr drastisch vor Augen. Der Grossvater tritt für die Versammelten an die Stelle des ungehörten Pfarrers.

Doch was, wenn auch Grossväter und Grossmütter als Taufprediger ausfallen? Dann fehlt die Gottesfurcht, und die «schwarze Spinne» be-

---

35 Mancherorts wird im Taufgottesdienst zudem mit der ganzen Gemeinde ein Taufbekenntnis, z. B. das Apostolikum, gesprochen.

36 Für das Recht der Taufverweigerung plädiert LEUENBERGER, Taufe, 78: «Eltern, welche im Vorgespräch erkennen lassen, dass ihnen an der Mitteilung, die die Kirche über die Initiationsfeier hinaus zu geben hat, nichts gelegen ist, sollte deshalb diese Feier verweigert werden dürfen – heisse sie nun ‹Taufe› oder ‹Segnung›.»

37 Vgl. GOTTHELF, Werke XVII, dazu KNELLWOLF, Gleichnis, 132–142.

Beat Weber

kommt Macht und freie Hand zu ihrem todbringenden Werk. Davor
möge uns Gott bewahren.

Bibliografie

AEBISCHER SONJA, Die Taufe «be-greifen». Greifbares als Zugang zum Unbe-
greifbaren im kirchlichen Unterricht, in: Empirische Zugänge zur Religiosität
von Familien, Konstruktiv. Theologisches aus Bern. Beilage zur Reformierten Presse 40/2006, 6f.

ALBRECHT CHRISTIAN, Kasualtheorie. Geschichte, Bedeutung und Gestaltung
kirchlicher Amtshandlungen (Praktische Theologie in Geschichte und Gegenwart 2), Tübingen 2006.

BACHOFNER THOMAS u. a., Taufgedächtnis und Taufbestätigung im reformierten Gottesdienst. Grundsätzliche Überlegungen und Anregungen für die
Praxis, kopiertes Manuskript, o. O. 2002.

BERGER BERND, Zwischen neuen Formen und Vertrauen in die Tradition.
«Schatzkammer Kasualien» – eine Tagung in Bern, in: Reformierte Presse
48/2006, 6–8.

BOECK NADJA, Mit Mikrofon und Leitfaden, in: Empirische Zugänge zur Religiosität von Familien, Konstruktiv. Theologisches aus Bern. Beilage zur Reformierten Presse 40/2006, 3.

FREY CHRISTOFER (Hg.), Repetitorium der Dogmatik. Für Studierende der Theologie, Waltrop, 7., korrigierte Auflage 2000.

GELDBACH ERICH, Taufe. Ökumenische Studienhefte 5 (BenshH 79), Göttingen 1996.

GOTTHELF JEREMIAS, Sämtliche Werke in 24 Bänden und 18 Ergänzungsbän-
den, hg. v. RUDOLF HUNZIKER u. a., Erlenbach/Zürich 1911–1977.

Institut für Theologie und Ethik ITE, Bern (Hg.), Zur Frage der Wiedertaufe.
Überlegungen und Empfehlungen des Rates des Schweizerischen Evangelischen Kirchenbundes SEK-FEPS, Bern 2004.

KERNER WOLFRAM DIETZ, Gläubigentaufe, Säuglingstaufe und gegenseitige
Taufanerkennung. Studien zur theologischen Begründung der Gläubigentaufe und der Säuglingstaufe in der neueren evangelischen Theologie mit
einem trinitätstheologischen Lösungsansatz, Diss. theol. masch., Heidelberg
2004.

Taufe zwischen Theologie, Kirchenverständnis und Praxis

KNELLWOLF ULRICH, Gleichnis und allgemeines Priestertum. Zum Verhältnis von Predigtamt und erzählendem Werk bei Jeremias Gotthelf, Zürich 1990.

LEUENBERGER ROBERT, Taufe in der Krise. Feststellungen, Fragen, Konsequenzen, Modelle, Stuttgart 1973.

LOCHER GOTTFRIED W. (Hg.), Der Berner Synodus von 1532. Edition und Abhandlungen zum Jubiläumsjahr 1982. Band I: Edition, Neukirchen-Vluyn 1984.

—, «Die Wahrheit wird euch frei machen». Korreferat aus zwinglischer Sicht, in: Schweizerischer Verein für die Täufergeschichte (Hg.), «... Lebenn nach der Ler Jhesu ...» «Das aber sind wir!». Berner Täufer und Prädikanten im Gespräch 1538–1988, Bern 1988, 45–54.

MÜLLER CHRISTOPH, Perspektivenwechsel, in: Empirische Zugänge zur Religiosität von Familien, Konstruktiv. Theologisches aus Bern. Beilage zur Reformierten Presse 40/2006, 12f.

OTT BERNHARD, Rezension zu: PAUL VERAGUTH, Sag mir, wo die Blumen sind, Mennonitica Helvetica 28/29 (2005/2006), 158–164.

ROTHEN BERNHARD, Reformatorisches Schriftverständnis und neuzeitliche Hermeneutik: Die Bibel im Licht von Taufe und Abendmahl lesen, in: HELGE STADELMANN (Hg.), Den Sinn biblischer Texte verstehen. Eine Auseinandersetzung mit neuzeitlichen hermeneutischen Ansätzen, Giessen/Basel/Witten 2006, 182–212.

VERAGUTH PAUL, Sag mir, wo die Blumen sind. Das Anliegen der Wiedertaufe, Winterthur 2005.

DIETER KEMMLER

Sterben und Leben mit Christus: Beobachtungen zu Röm 6,1–14

Einleitung

Dieser Aufsatz versteht sich als Beitrag zum paulinischen Taufverständnis auf dem Hintergrund von Jesus-Überlieferungen. Als Ausgangspunkt bietet sich Röm 6,1–14, der ausführlichste Paulustext zum Thema Taufe, geradezu an.

Ich versuche, das Taufverständnis direkt aus dem Text zu erheben, wie er sich mir immer wieder erschliesst. Ich lade die Leserinnen und Leser ein, sich mit mir auf den Weg zu machen, dem Text in kleinen Schritten entlangzugehen und ihn «wahrzunehmen». Wir folgen dabei keiner bestimmten Beobachtungsmethode. Die von mir bei der Übersetzung vorgenommene Aufgliederung der Sätze dient lediglich als Lesehilfe oder -vorschlag.

Ich darf hoffen, dass wir durch beobachtendes Lesen zu den gleichen oder ganz ähnlichen Ergebnissen kommen und dass wir dies erreichen, ohne die Sekundärliteratur zu bemühen. «Denn es ist besser, mit eigenen als mit fremden Augen zu sehen.»[1] (LUTHER) Der Blick in die exegetischen Werke mag als Prüfstein des eigenen Lesens und in vielfältiger Weise als Erweiterung und Bereicherung der Erkenntnis dienen.[2] Zu-

---

[1] «Nam potius est videre propriis quam alienis oculis.» (WA.TR 4, 432,21).

[2] So betont etwa der Schweizer Reformator HEINRICH BULLINGER die Würde und den Wert der Auslegungen «der heiligen griechischen und lateinischen Kirchenväter» und fährt fort: «… wir missbilligen auch nicht ihre Auseinandersetzungen und Abhandlungen über heilige Dinge, sofern sie mit den Schriften übereinstimmen; immerhin lehnen wir sie in aller Bescheidenheit ab, wenn es sich ergibt, dass sie den Schriften fremde oder gar ihnen widerspre-

nächst aber gelte: *Sapere aude!* Aus diesem Grund habe ich auf eine Auseinandersetzung mit der exegetischen Literatur verzichtet. Es geht mir
darum, die unmittelbare Beschäftigung mit dem Wort und die Freude am
Entdecken zu fördern.

Im Laufe meiner Kommentierung beziehe ich mich auch auf andere
neutestamentliche Texte, die ein Licht auf Röm 6 werfen oder von ihm
empfangen bzw. die sich gegenseitig erläutern oder auch meine Aussagen
begründen. Dies geschieht in der Überzeugung, dass nicht nur der Römerbrief für sich einen komplexen «Text» (ein Gewebe) darstellt und das
Corpus Paulinum für die Interpretation von Paulustexten sich empfiehlt,[3]
sondern dass darüber hinaus der Brief mit anderen neutestamentlichen
Texten verwoben ist. Die Heilige Schrift legt sich selber aus, oder wie es
seit der Reformation heisst: *Sacra scriptura sui ipsius interpres.*[4]

1.   Übersetzung

Wir machen uns also zunächst mit dem Text vertraut. Ich übersetze so
wörtlich wie möglich. In eckigen Klammern stehen sprachliche Ergän-
zungen, die den Text lesbarer machen. Das «argumentative Zentrum»
(V. 4–10) habe ich in die Kästchen gesetzt. Gleichzeitig ordne ich in
ihnen den Text so an, dass sein Aufbau deutlich wird: Links stehen
Sätze, die Vergangenes betreffen, rechts Gegenwärtiges und Zukünftiges
bzw. Erwartbares.

---

chende Gedanken vorbringen.» (Kirchenrat des Kantons Zürich [Hg.], Das
Zweite Helvetische Bekenntnis. Confessio Helvetica Posterior [1566], Zürich
1966, 21). Der Text ist auch unter www.reformatio.de zu finden.

[3]   Die paulinische Verfasserschaft des Kol und Eph gilt mir als sicher. Die
Verfasserfrage ist allerdings für diese Darstellung von minimalem Gewicht.

[4]   Die Schrift ist «... per sese certissima, facillima, apertissima, sui ipsius
interpres ...» (LUTHER, WA 7,97,23f.), «... per seipsam et suo spiritu intelligi
volo» (WA 7,99,1f.). Zu Luthers Schriftverständnis: B. ROTHEN, Die Klarheit
der Schrift, Teil 1: Martin Luther: Die wiederentdeckten Grundlagen, Göttingen
1990.

Sterben und Leben mit Christus: Beobachtungen zu Röm 6,1–14

1 Was also sollen wir sagen? Sollen wir in der Sünde verharren, damit die Gnade zunehme?

2 Bloss das nicht! Wir, die wir der Sünde starben, wie sollten wir noch in ihr leben?

3 Oder wisst ihr nicht, dass wir, so viele wir in Christus Jesus [hinein] getauft wurden, in seinen Tod [hinein] getauft wurden?

4 Wir wurden also mit ihm begraben durch die Taufe in den Tod,	damit, wie Christus aus [den] Toten auferweckt wurde durch die Herrlichkeit des Vaters, so auch wir in einer Neuheit des Lebens wandeln.
5 Wenn wir nämlich verwachsen sind mit dem Abbild seines Todes,	werden wir es erst recht mit [dem Abbild] der Auferstehung sein,

6 dass unser alter Mensch mitgekreuzigt wurde,	weil wir dies erkennen, damit kraftlos werde der Leib der Sünde, dass wir der Sünde nicht mehr dienen.
7 Denn wer gestorben ist,	ist gerechtfertigt [weg] von der Sünde.

8 Wenn wir aber mit Christus starben,	glauben wir, dass wir auch mit ihm leben werden,
9 aus [den] Toten auferweckt,	da wir wissen, dass Christus, nicht mehr stirbt: Der Tod herrscht nicht mehr über ihn.
10 Denn was er starb, starb er der Sünde ein für alle Mal;	was er aber lebt, lebt er für Gott.

11 Ebenso auch ihr: Rechnet damit, dass [auch] ihr tot seid für die Sünde, lebendig aber für Gott in Christus Jesus.

12 Es herrsche also nicht die Sünde in eurem sterblichen Leib, so dass er seinen Begierden gehorcht.
13 Stellt auch nicht eure Glieder der Sünde zur Verfügung als Werkzeuge von Ungerechtigkeit, sondern stellt euch selbst Gott zur Verfügung als Lebende aus [den] Toten und eure Glieder als Werkzeuge von Gerechtigkeit für Gott.
14 Denn Sünde wird nicht über euch herrschen, denn ihr seid nicht unter [einem] Gesetz, sondern unter [der] Gnade.

2. Struktur und Kommentierung von Röm 6,1–14

Gehen wir dem Text entlang, wobei wir auf seine Struktur achten und jeweils kommentieren, was für die Frage nach der Bedeutung und Wirklichkeit der Taufe wesentlich erscheint.

V. 1–3: Einleitung

V. 1: Paulus zitiert die Frage seiner Gegner: «Sollen wir in der Sünde verharren, damit die Gnade zunehme?» Mit dieser Frage schliesst er deutlich an Röm 5,20f. an: «Wo die Sünde grösser wurde [πλεονάσῃ], da strömte die Gnade umso reichlicher.» Die heilsgeschichtliche Rolle des Gesetzes bestand darin, die Sünde zu mehren; in der Fülle der Sünde sollte die Überfülle der Gnade erst richtig offenkundig werden. Wenn es überraschenderweise so ist, wie Paulus es dargestellt hat, dass Gottes Gnade jeder noch so grossen Sünde gewachsen ist, könnten wir[5] zu der Folgerung oder Verhaltensregel verleitet werden: Je mehr wir sündigen, umso mehr lassen wir damit Gottes Gnade hervortreten! Sollen wir also entsprechend dieser Regel unter der Herrschaft der Sünde bleiben?[6] Nein, denn dies ist die vermessene Frage des natürlichen, noch ungeheilten Menschen in uns, der wohl Unterschlupf unter den Fittichen der Gnade gefunden hat, der aber der alte Mensch bleiben oder sogar Gott nachhelfen bzw. ihn versuchen möchte im Sinne von: «Ich gebe dir mehr

---

[5] Böse wie wir eben immer noch sind (Mt 7,11; vgl. Gen 8,21).
[6] Vgl. Röm 6,15 für die fast gleiche Folgerung.

Chance für deine Gnade.»[7] In der Sünde verharren (V. 1) entspricht dem Leben in der Sünde (V. 2).[8] Zusammen mit dem Nein aus V. 2 ergibt sich: Wir sollen Gott nicht zur Gewährung von (noch mehr) Gnade versuchen dadurch, dass wir im Blick auf seine Gnade getrost in der Sünde verharren.

V. 2.: Paulus gibt zunächst eine negativ formulierte Antwort auf die gegnerische Frage «Bloss das nicht![9] Wir, die wir der Sünde starben …» Mit diesem Ausruf distanziert sich Paulus völlig von der Lebensweise des alten Menschen.

Wichtig dabei ist: Wir starben der Herrschaft der Sünde. Wir sind für sie tot, sind für sie nicht mehr vorhanden, sind ihr also entzogen. Die Illustration dazu finden wir in Röm 7,1–6: Wenn ein Mensch gestorben ist, kann kein Gesetz über ihn Macht ausüben, d. h. es kann keine Ansprüche oder Forderungen mehr an ihn stellen. Nach Röm 7,4 ist der Mensch gegenüber dem Gesetz tot, nach Röm 7,6 von der Herrschaft der Sünde freigesprochen worden. Der Mensch muss jetzt also nicht mehr sündigen.

Das Resultat wird in Kol 1,13 beschrieben (vgl. Joh 5,24). Einerseits gilt: Wir sind «der Macht der Finsternis entrissen» (d. h. aus dem Herrschaftsbereich der Sünde ausgebürgert); wir sind also der Verfügungsgewalt der Sündenmacht entnommen. Diese existiert wohl weiterhin um uns herum, aber wir sind ihr gegenüber in gewissem Sinne immun.

---

[7] Was sagt Jesus dazu? «Sündige von jetzt an nicht mehr!» (Joh 5,14; 8,11). Das Ergebnis des fortgesetzten Sündigens ist in Mt 12,45 beschrieben. Vgl. Hebr 10,28–31.

[8] Beachten wir: Nicht von einzelnen Sünden ist die Rede, sondern von *der* Sünde als einer Macht bzw. Herrschaft. Die Sünde gleicht einem politischen Gebilde, einer Art Königreich (vgl. Röm 6,12.14.16.18.22). Wenn man als Christ im Bereich der Herrschaft der Sünde verbleibt, dann werden die sittlichen Verhältnisse in Haus und Gemeinde katastrophal und trostlos. Wir geraten in einen schrecklichen Teufelskreis.

[9] Μὴ γένοιτο. Wörtlich: Hoffentlich geschieht [das] nicht! (Optativ bzw. Wunschform). In der Lutherbibel: *Das sei ferne!* (so zehn Mal im Römerbrief).

Dennoch ist Wachsamkeit geboten: Die Versuchung durch die Sünde besteht weiterhin (1 Kor 10,12)!

Andererseits gilt: Wir sind «versetzt ins Reich seines geliebten Sohnes, in dem wir die Erlösung haben, die Vergebung der Sünden» (Kol 1,13f.). Nach Phil 3,20 sind wir jetzt Bürger des Himmelreiches. Von dort erhalten wir Hilfe und Schutz.

Wie können wir also noch in der Sünde leben, als ob sich bei uns nichts geändert hätte? Können denn Tote wieder aufleben? Das wohl nicht, es sei denn, wir wären nur Scheintote gewesen, als wir zum Glauben kamen und von der Herrschaft der Sünde freigesprochen wurden. Es ist unnatürlich, noch unter der Sündenherrschaft zu *leben*, wenn man für sie doch *gestorben* ist.

V. 3: Nun folgt die positiv formulierte Antwort: «Oder wisst ihr nicht, dass wir, so viele wir in Christus Jesus [hinein] getauft wurden, in seinen Tod [hinein] getauft wurden?». Das bedeutet, dass wir unmöglich noch in der Sünde leben können, weil wir, als wir getauft wurden, in Christi Tod hineingetauft wurden. In der Sünde zu leben oder gar leben zu wollen wäre eine krasse Ungereimtheit. – Zu beachten ist das zweimalige εἰς: *hinein in* Christus, *hinein in* seinen Tod.

Paulus erinnert hier an die missionarische Verkündigung, an den Taufunterricht.[10] Er schreibt nicht: Habt ihr nicht *erlebt, erfahren* …? So auch in V. 6.8f.; 15,15. Es handelt sich nämlich nicht primär um eine Erfahrung, sondern um eine Erkenntnis bzw. Einsicht, evtl. auch um eine Anerkenntnis. Jedenfalls ist ein objektives Geschehen gemeint und ein Wissen, das auf Glauben beruht (vgl. V. 8). Das Gegebensein bzw. die Einsehbarkeit gilt für alle Aussagen in V. 4–6:

– getauft in seinen Tod (V. 4),
– mit ihm begraben (V. 4),
– verwachsen mit dem Abbild seines Todes (V. 5),
– verwachsen mit [dem Abbild] der Auferstehung (V. 5),

---

10   Vgl. Röm 6,16; 7,1; 11,2; 1 Kor 3,16; 5,6; 6,2f.9.15f.19; 9,13.24.

– unser alter Mensch wurde mitgekreuzigt (V. 6). Mit dem Partizipialsatz «dies erkennend, dass …» wird die Frage von V. 3 wieder aufgenommen: «Oder wisst ihr nicht, dass …?».

Wir beachten die chiastische Struktur:

So viele wir *getauft* wurden   *in* Christus Jesus *hinein,*

in seinen Tod *hinein*   wurden wir *getauft.*

In Christus *hineingetaucht* bzw. *-getauft* zu werden bedeutet also, in seinen Tod einzutauchen. Der Täufling wird real (und nicht nur bildlich) mit Christus und der Energie seines Todes und seiner Auferstehung verbunden. Durch die Taufe wird er wirklich in innigste Verbindung mit Christi Tod gebracht.[11] Paulus setzt den *Glauben* des Täuflings hier voraus, ja, die Taufe steht für den im Brief bereits dargelegten Glauben; sie ist eine Handlung, die aus Glauben heraus erfolgt (vgl. Röm 1,5.8.16f.; 3,22–31; 4,1–24; 5,1f.).

Wie ist der Akkusativ in dem Ausdruck «hineingetauft werden in seinen Tod» (εἰς mit Akkusativ) zu verstehen? Er könnte «in Beziehung mit, in Hinsicht auf, wegen» meinen oder aber «nach Art von».

Zu beachten ist, dass Paulus nicht schreibt, wir würden in den *Namen* Jesu Christi hineingetauft (wie z. B. Mt 28,19; Apg 2,38; 8,16; 10,48; 19,5; 1Kor 1,13.15). Er meint also die direkte, unmittelbare, ja, die innige Beziehung zwischen Christus und dem Täufling. Es handelt sich um eine nicht überbietbare Realität.[12]

---

[11] Beim historischen Jesus steht sein Sterben, seine Lebenshingabe als Lösegeld für viele im Mittelpunkt (vgl. Mk 10,45). «Der Menschensohn muss … getötet werden …» (Mk 8,31). In Mk 10,38 spricht Jesus von seinem Sterben unter dem Bild des *Getauftwerdens.*

[12] Sollen wir im Hintergrund vielleicht *in den Namen hinein* (εἰς τὸ ὄνομα) mithören, was Bankiersprache ist und bedeuten würde: *auf das Konto jemandes?* Dann bedeutet dies entweder einen *Besitzerwechsel:* Der Täufling hat den Besitzer gewechselt; er gehört jetzt auf das Konto Christi. Sein Name wurde über ihm bei der Taufe ausgerufen (Apg 2,38) bzw. von ihm angerufen (Apg 22,16). Oder

Als Ergebnis halten wir fest: «In Christus Jesus [hinein] getauft» werden bedeutet, dass das, was am Kreuz einmalig *für* uns *geschah*, nämlich der Tod Jesu, in der Taufe *an* uns *geschieht*. Die christliche Taufe verbindet den Glaubenden mit dem geschichtlichen Vorgang der Heilstat Gottes in Christus. Darum ist Jesu Tod weder eine ihn betreffende blosse Tatsache noch eine rein dogmatische Lehr-Tatsache. Sein Sterben wird vielmehr real vergegenwärtigt und in den Glaubenden und Getauften realisiert. Das wiederum bedeutet, dem Herrschaftsbereich der Sünde gestorben zu sein. Der nächste Vers gibt Antwort auf die Frage, was für eine tief greifende Verwandlung das Ereignis der Taufe bedeutet.

V. 4–10: Die Bedeutung der Antwort

Die Dimension des Sterbens bzw. des Todes Jesu Christi steht im Indikativ der Vergangenheit. Paulus beschreibt, was Jesus tat und bewirkte. Dieses Geschehen wird uns durch die Verbindung mit Christus gegenwärtig. Dies ist es dann, was wir an Christus haben: den definitiven Tod, ein neues Leben und die (künftige) Auferstehung mit ihm.

	Vergangenheit	Gegenwart
V. 4	a: Wir wurden also *mit* ihm *begraben* (Aorist) durch die Taufe in den *Tod*,	b: damit, wie Christus aus [den] Toten *auferweckt* wurde durch die Herrlichkeit des Vaters, so auch wir in einer Neuheit des *Lebens* wandeln.
V. 5	a: Wenn wir nämlich verwachsen sind (Perfekt) mit dem Abbild seines Todes,	b: werden wir es (= verwachsen) erst recht mit [dem Abbild] der Auferstehung sein.

---

es bedeutet eine *Vermögensgutschrift*: Das Lösegeld, das Christus mit der Hingabe seines Lebens bezahlt hat, wird dem Täufling persönlich in Form der Vergebung der Sünden gutgeschrieben.

V. 4a: Man beachte zunächst die Zusammenordnung von V. 3 und V. 4: Wir wurden «in seinen Tod getauft», «wurden also mit ihm begraben durch die Taufe in den Tod» Christi.[13] Durch das Begrabenwerden wird bestätigt und bekräftigt, dass wir der Herrschaft der Sünde (V. 2a) endgültig abgestorben sind.[14]

«Wir wurden getauft» bedeutet also: «Wir wurden […] begraben mit ihm durch die Taufe.» Die Taufe ist das Begräbnis. «Mit ihm begraben» drückt eine Solidarität aus bis in den Tod bzw. über den Tod hinaus. Getaufte sind mit Christus in ein Zweiergrab gelegt (wie es etwa öfters bei Eheleuten oder auch mal bei Eltern und Kind vorkommt). Das Begrabensein ist Voraussetzung für das Auferwecktwerden (vgl. V. 8).

V. 4b: Weil Christus auferweckt wurde von den Toten durch die Herrlichkeit des Vaters, können wir auf eine neue Art leben. Die Auferstehungs-Doxa (d. h. die Qualität, das Gewicht bzw. die Macht des Vaters) zeigt sich schon «in einer Neuheit des Lebens» (καινότητι ζωῆς), die verglichen mit dem bisherigen Leben qualitativ anders ist (Röm 6,1f.). Die Auferstehungs-Doxa zeigt sich noch nicht in *unserer* Auferweckung. Diese liegt noch in der Zukunft (V. 5 und 8). Das Neue liegt vor allem in dem neuen *Wesen,* der neuen *Natur* und dem neuen *Zustand* mit dem Nebenbegriff des Fremdartigen, Ungewöhnlichen und darum des Staunenerregenden (vgl. Eph 2,5f.; Kol 2,12f.; 3,1).

Als Resultat halten wir fest: Im gemeinsamen Grab herrscht nicht der tödliche Leichengeruch der Verwesung, sondern leuchtet der Lebensglanz der Auferstehungsverheissung auf. Durch Glaube und Taufe sind wir *bereits* hineinzogen in die Energie des Todes Jesu und in den Glanz seiner Auferweckung, der sich gegenwärtig erweist in einer neuen Lebensqualität. Aber wir sind *noch nicht* auferweckt, wir haben noch keinen

---

13 Vgl. Kol 2,12: «Mit ihm seid ihr begraben worden in der Taufe, und mit ihm seid ihr auch mitauferweckt worden durch den Glauben an die Kraft Gottes, der ihn von den Toten auferweckt hat.»

14 Vgl. 1Kor 15,3f.: «… dass Christus für uns gestorben ist für unsere Sünden gemäss den Schriften, dass er *begraben* wurde», d. h. er war wirklich tot.

erlösten Leib.[15] Noch leben wir nicht im Himmel, sondern in der Welt, also noch in der Spannung. Wir stehen zwar nicht mehr «unter der Herrschaft der Sünde» (V. 1f.), leben aber noch in Verweslichkeit, Ehrlosigkeit, Schwachheit und im natürlichen Leib (vgl. 1Kor 15,42–44). Christliche Ethik hat mit dieser Spannung zwischen dem «bereits» und dem «noch nicht» zu tun.

V. 5: Dieser Vers bestätigt und begründet V. 4 («Mitbegraben durch die Taufe in den Tod») und fügt die berechtigte Hoffnung auf die Auferstehung hinzu. V. 4 bedeutet laut V. 5a: Wir sind «verwachsen mit dem Abbild seines Todes». «Verwachsen» bedeutet «eng verbunden, in innigster Verbindung, zusammengewachsen mit».[16] Vielleicht darf man es auch als *gleichartig, verwandt,* vielleicht *zur anderen Natur geworden* deuten? Verwachsen sind wir nicht direkt mit seinem (damaligen, historischen) Tod auf Golgatha, sondern mit *dem Abbild* [evtl. der Ähnlichkeit, dem Gleichnis] seines Todes. Unser Untergetauchtwerden im Wasser ist demnach (nur) ein *Abbild*, vergleichbar dem Begrabenwerden Christi (als Bestätigung für seinen Tod).

Steht hier im Hintergrund das Gleichnis Joh 15,5: «Ich bin der Weinstock, ihr seid die Reben»? Es gibt wohl kaum eine Illustration, die das «Verwachsensein» bzw. die innigste Verbundenheit mit Christus besser ausdrücken könnte! Für diese Deutung spricht auch, dass kurz nachdem Jesus (in Joh 14,1–31) auf seinen Sühnetod zu sprechen kommt, das Gleichnis folgt: Wir sind wie Reben mit Jesus, dem Weinstock, verbunden, weil er uns durch seinen Weg über das Kreuz zum Vater von den Sünden «gereinigt» hat (was nach Paulus in der Taufe passiert).

---

[15] Wir werfen bereits einen Blick auf die nachfolgenden Verse: «Aus Toten sind wir lebendig geworden» (V. 13), und zwar «lebendig für Gott» (V. 11), auf Grund der «Neuheit des Geistes» (Röm 7,6). Dies bedeutet eine neue Schöpfung!

[16] Die neu übersetzte Zürcher Bibel formuliert urtextnah: «Wenn wir nämlich mit dem Abbild seines Todes aufs Engste verbunden sind, dann werden wir es gewiss auch mit dem seiner Auferstehung sein.»

Wäre es möglich, es so zu verstehen, dass wir «zur anderen [d. h. neuen] Natur geworden sind durch das Abbild seines Todes», d. h. durch das Untergetauchtwerden? Dann stünde im Hintergrund Joh 3,3 («von oben gezeugt/geboren») und Joh 3,5 («aus Wasser und Geist gezeugt/geboren»). Für diese Deutung spricht der vorausgehende Ausdruck «Neuheit des Lebens» (Röm 6,4), wobei der Begriff Neuheit die «neue Natur» des Lebens bezeichnet.

Paulus will hier auf jeden Fall präzisieren, indem er Unterschied und Gleichheit aufzeigt. Das Taufgeschehen *unterscheidet* sich vom Tod Christi, d. h. von seinem Sterben auf Golgatha und seinem Begrabenwerden. Dennoch ist Christi Tod und Begrabenwerden *real gegenwärtig* im Untergetauchtwerden, im Taufgeschehen – nicht automatisch, sondern durch den bei der Taufe vorausgesetzten Glauben (vgl. Kol 2,12). Dem Glauben wird die Vergebung der Sünden (Mk 2,5) sozusagen vom Kreuz her zugesprochen (vgl. Lk 23,34).

Die griechische Perfektform «eng verbunden/in innigster Verbindung, zusammengewachsen mit» bzw. «zur anderen Natur geworden durch» drückt (im Gegensatz zu den Aoristformen in V. 2–4) aus, dass die Taufe vor allem eine gegenwärtige Wirklichkeit ist. Was damals einmalig durch die Taufe geschah, ist wirksam in der Gegenwart: Wir *sind* – als Resultat der Taufe – *jetzt* verwachsen mit Christi Tod, wir *sind* bereits zur neuen Natur geworden.[17]

V. 5b: Wir werden auch «eng verbunden sein mit/in innigster Verbindung stehen mit/zusammengewachsen sein mit [dem Abbild] der Auferstehung» oder eben «zur anderen Natur werden durch [das Abbild] seine[r] Auferstehung». In der zweiten Vershälfte ist aus 5a zu ergänzen: «verwachsen sein» bzw. «eng verbunden sein» bzw. «zur anderen Natur

---

17 Diese Wirkung der Taufe kommt mehr und mehr in unserem Leben zum Ausdruck. Röm 8,35f.; 1Kor 2,2; 4,9; 15,31; 2Kor 4,10–12; 12,9; 13,9; Gal 2,19 (man beachte auch hier die Perfektform); Gal 6,14.17. Beispiele (Luther 84): «Wir werden den ganzen Tag getötet» (Röm 8,36); «Ich sterbe täglich» (1Kor 15,31); «Allezeit tragen wir das Sterben Jesu am Leibe herum» (2Kor 4,10); «Somit ist der Tod an uns wirksam» (2Kor 4,12).

werden» sowie das Wort «Abbild». Als Hauptgedanke kann festgehalten werden: Nicht nur *wandeln* wir gegenwärtig «in einer Neuheit des Lebens» (V. 4) als Ausdruck der Herrlichkeit der Auferweckung, nicht nur sind wir gegenwärtig mit ihm «zusammengewachsen» (σύμφυτοι) oder eben auch «zur anderen Natur geworden» durch Christi Tod, sondern wir werden zukünftig erst recht[18] mit dem Abbild seiner Auferstehung zusammengewachsen sein bzw. «zur anderen Natur werden» durch das Abbild seiner Auferstehung.

Auch hier finden wir wieder Unterschied und Gleichheit: Unsere Auferstehung *unterscheidet* sich von der Art der Auferstehung Christi als einem einmaligen historischen Ereignis, als «er am dritten Tage auferweckt worden ist gemäss den Schriften» (1Kor 15,4). Andererseits gleicht sie ihr. Seine damalige einmalige Auferstehung ist Garant für unsere Auferstehung: «Jeder aber an dem ihm gebührenden Platz: als Erstling Christus, dann die, die zu Christus gehören, wenn er kommt» (1Kor 15,23). Vermutlich ist es dieselbe Herrlichkeit (δόξα) des Vaters (V. 4a), die auch uns auferwecken wird. Erneut werden wir hier an die Spannung zwischen dem «schon jetzt» und dem «noch nicht» erinnert.

Zusammenfassend kann zu V. 4–5 festgehalten werden, dass Getaufte von zwei Gegebenheiten bestimmt werden: Einerseits sind sie durch die Taufe mit Christus «zusammengewachsen», andererseits haben sie aus dieser Todes- und Auferstehungsgemeinschaft mit ihm eine neue Natur empfangen. Diese ist Teil und ein Vorbote der neuen Schöpfung.

Paulus argumentiert: *So sicher* wir durch die Taufe in Christus für die Herrschaft der Sünde gestorben sind (V. 2a), *mindestens ebenso gewiss* werden wir mit dem Abbild der Auferstehung Jesu Christi zusammengewachsen sein bzw. werden wir eine neue Natur erhalten. Denn wir sind ja in der Taufe mit Christus zusammengewachsen. Wir haben ja (nach der anderen Deutung) eine neue Natur empfangen, so dass wir heute schon in einem neuen Wesen wandeln (V. 4), obwohl wir täglich das Sterben Jesu am Leib herumtragen (vgl. 2Kor 4,10; 1Kor 15,31).

---

[18] Alla kai (ἀλλὰ καί) normalerweise: «sondern auch», hat hier steigernde Bedeutung: «ja sogar, erst recht».

Wir beachten das dreimalige σύν: *zusammen*. Getaufte sind unmittelbar mit Christus eng verbunden. Die unausweichliche Zusammengehörigkeit dieser «Christusverbundenheit» mit der neuen Lebensweise erläutert der Apostel wie folgt:

V. 6	weil wir dies erkennen, dass unser alter Mensch *mit*gekreuzigt wurde (Aorist), damit kraftlos werde der Leib der Sünde, dass wir der Sünde nicht mehr dienen.	Kreuz und Rechtfertigung sind Zentrum des neuen Lebens: Das Wort vom Kreuz: Kraft Gottes zum Heil (1Kor 1,18)
V. 7	Denn wer gestorben ist, *ist gerechtfertigt* (Perfekt) [weg] von der Sünde.	

V. 6: «Unser alter Mensch» bezeichnet den Leib der Sünde, der nach V. 2 in der Sünde lebt und nach Röm 5,12–21 versklavt ist unter ihrer Herrschaft. «Alt» bezeichnet den Menschen im unveränderten sündigen Zustand. Dieser Mensch ist jetzt überholt; man kann auch sagen, er habe seinen Wert verloren, sei antiquiert, habe sich überlebt oder sei ausser Kurs gekommen. Es ist der nicht wiedergeborene Mensch. Nach Kol 3,9 haben wir diesen wie ein Kleid «ausgezogen»; nach Eph 4,22 sollen wir den alten Menschen ablegen.

Beim Stichwort «mitgekreuzigt» ist mitzuhören, dass wir in der Taufe «zusammengewachsen sind» mit dem Kreuzestod Christi (V. 5). Der alte Mensch hat an der Kreuzigung Christi teilgenommen. Wie hat man sich das vorzustellen? Zwar hing Christus damals am Kreuz, aber er musste nicht für eigenes Unrecht büssen bzw. leiden. Das Urteil Gottes galt nämlich nicht ihm, wie auch der Schächer bezeugte: «Dieser hat nichts Unrechtes getan» (Lk 23,41).[19]

---

[19] Wörtlich steht an dieser Stelle: «Nichts, was deplatziert wäre …» (οὐδέν ἄτοπον), geschweige denn eine Sünde. Jesus lebte nach der Überzeugung des Zeloten völlig in Übereinstimmung mit Gott. Dies sagten schon Pilatus (Lk 23,4.14f.22), Herodes (Lk 23,11.15) und Jesus selbst (Joh 8,46). In Joh 14,30 bezeugt Jesus wörtlich: «An mir hat jener nichts», der Fürst der Welt findet also keine Sünde oder Schuld. Die Hohepriester, Schriftgelehrten und Ältesten, d. h. der ganze Hohe Rat, bezeugen eine Wahrheit, ohne es selbst zu wissen: «Sich

Damit sind wir beim entscheidenden Punkt: Christus hing *für uns* am Kreuz. Der alte Mensch hat hier sein Urteil empfangen; das Todesurteil ist anstatt an uns an Christus vollstreckt worden.

Am Kreuz empfangen wir, «was unsere Taten verdienen» (Lk 23,41), d. h. unsere Verurteilung zum Kreuz sind zu Recht erfolgt.[20] Da wir alle Sünder sind, können wir der ewigen Strafe nur dadurch entgehen, dass Christus unsere Schuld auf sich nimmt: «Zerrissen hat er den Schuldschein, der aufgrund der Vereinbarungen gegen uns sprach und uns belastete. Er hat ihn aus dem Weg geräumt, indem er ihn ans Kreuz heftete» (Kol 2,14). Das heisst konkret: Am Kreuz gedenkt er unser, sorgt er für uns (Lk 23,42). Das ist die Gnade, die zuerst dem Schächer widerfuhr, indem sie ihm zugesprochen wurde.

Der Ausdruck «kraftlos werden» kann auch «unwirksam/unbrauchbar gemacht werden» oder «befreit werden» bedeuten. Wir sind also von der Bindung an die Sünde, die uns festhielt, befreit worden (Röm 7,2.6).

Mit «Leib» ist hier nicht der Körper (der ja noch lebt) gemeint, sondern die Person.[21] Der «Leib der Sünde» bedeutet, dass die Sünde die Eigentümerin der Person ist und als solche über sie herrscht. Die Person gehört also der Sünde, sie gehört unter ihre Herrschaft. Somit ist der Leib durch die Sünde gekennzeichnet: Er *muss* gehorchen, er kann nicht anders (Röm 7,19f.).

Jetzt aber ist er der Herrschaft der Sünde gestorben (Röm 6,2) und mit Christus zusammengewachsen. Das Resultat können wir mit

---

selbst kann er nicht retten» (Mt 27,41f.). Im Lichte des Auftrags Jesu heisst das: Er kann sich nicht retten, weil er nie ein Verlorener war, eine unmögliche Möglichkeit also. Er war immer schon ein Geretteter. Vgl. Lk 2,11: «Euch wurde heute der ‹Retter› geboren»; Joh 4,42: «… wir wissen, dass dieser wirklich der Retter der Welt ist.» Wie könnte sich der Retter retten? Er kann sich aber auch nicht retten, weil er gekommen ist, sein Volk von seinen Sünden zu retten (Mt 1,21), «zu suchen und zu retten, was verloren ist» (Lk 19,10).

[20] Das gilt für uns alle: Joh 5,29; Apg 17,31; Röm 2,6ff.; 2Kor 5,10.

[21] Beim Stichwort «Leib» kann auch die Bedeutung «Leichnam» mitschwingen, weil der in der Sünde lebende Mensch «tot» (νεκρός) genannt wird. Vgl. Lk 15,21.24.32; Mt 8,22/Lk 9,60; Joh 5,24f.; Eph 2,1.5; Kol 2,13: «die ihr tot wart in den Sünden» (vgl. Röm 6,11).

Gal 2,19f. so formulieren: «Ich bin mitgekreuzigt mit Christus: Nicht mehr ich lebe, sondern Christus lebt in mir.» Der Getaufte ist also nach Röm 6,5f. eng mit Christus verbunden.[22]

Wenden wir die Konsequenz dieser paulinischen Einsicht auf uns an, dann können wir formulieren: Unsere «Mit-Kreuzigung» fand im Akt der Taufe statt, damit wir nicht mehr Sklavendienste verrichten für die Sündenherrscherin: Durch Glaube und Taufe mit Christus eng verbunden, mitgekreuzigt, mitgestorben und mitbegraben zu sein bedeutet, dass unsere Person von der Versklavung an die Sünde befreit ist. Somit ist es uns durch Glauben möglich, «in einer Neuheit des Lebens» zu leben. Wir *müssen* also nicht mehr, *können* aber leider weiterhin sündigen (Röm 6,1f.).

In V. 7 begründet Paulus die Aussage in V. 6, dass wir nicht mehr versklavt sind. Das Argument ist das Folgende – wir erkennen hier den Bedeutungsreichtum von «rechtfertigen» (δικαιοῦν):

«Denn wer gestorben ist» (für die Herrschaft der Sünde, V. 2, und somit für sie tot ist, V. 11), indem er durch Glaube und Taufe mit Christus «eng verbunden» ist (V. 5), also «mitgekreuzigt wurde» (V. 6a), der ist vom Recht *gerichtet* worden. Er wurde verurteilt, bestraft und (hin)gerichtet und hat auf diese Weise verbunden mit Christus Sühne geleistet. Denn der Schaden, den wir Gott zugefügt haben, hat Gott Christus auf die Rechnung gesetzt. Dieser musste bezahlen (vgl. Phlm 18f.). Positiv gewendet: Er wurde von der Sündenherrschaft *entbunden*, d. h. ist *entschuldigt*, er wurde losgemacht, freigesprochen von der Sünde, rein gemacht, *für unschuldig erklärt* (vgl. Röm 6,18.22; 8,2; Kol 1,14; 1Petr 2,24) und wurde somit *als gerecht anerkannt* und *erklärt*; er wurde somit *rehabilitiert*. Also ist sein Ansehen wiederhergestellt, und er ist *in seine früheren Rechte wieder eingesetzt* worden (vgl. Lk 15,22–24).[23]

---

[22] Vgl. jedoch andererseits Gal 5,24: «Die aber zu Christus Jesus gehören [d. h. mit ihm «eng verbunden, zusammengewachsen» sind; D. K.], haben das Fleisch samt seinen Leidenschaften und Begierden gekreuzigt.»

[23] Was Jesus seinen Jüngern unvergesslich ins Gleichnis gesetzt hat, hat er öffentlich dem ersten Nutzniesser zugesprochen: «Heute noch wirst du mit mir im Paradies sein.» (Luk 23,43b). Dass der Vorhang im Tempel *von oben* bis unten zerriss zum Zeitpunkt, als Jesus schrie: «Es ist vollbracht!» und starb, ist der

Dem Menschen ist also, erstaunlicherweise indem er mit Christus gekreuzigt wurde, *zu seinem Recht verholfen worden* – «weg von [ἀπὸ] der [Herrschaft der] Sünde». Die Vergebung der Sünden ist dafür die Voraussetzung. Wie ist das möglich? Der Glaube an den von Gott in den Sühnetod gegebenen Messias Jesus ersetzt die fehlende eigene Gerechtigkeit. Am deutlichsten ist das in Röm 3,26 formuliert: «Er ist gerecht und macht gerecht den, der aus dem Glauben an Jesus lebt.»[24]

So, wie der Mensch mit Christus *verbunden* ist, so ist er hier von der Sünde *entbunden*. Das Entbundensein von der Sünde beruht auf dem Verbundensein mit Christus.

Als Fazit halten wir fest: Der mit Christus Gekreuzigte und Gestorbene ist von der Herrschaft der Sünde rechtskräftig befreit. Gott hat ihn in Christus rehabilitiert, ihn in die Sohnesrechte wieder eingesetzt. Im Blick auf V. 6b ist zu sagen: Wer verbunden mit Christus *gerichtet,* ja, *hingerichtet* worden ist, kann sich nicht mehr nach der Sünde *richten* und Sklavendienste *verrichten* wollen.

	Vergangenheit	Gegenwart
V. 8	a: Wenn wir aber *mit* Christus starben,	b: glauben wir, dass wir auch *mit* ihm leben werden.

Das zweimalige «mit» nimmt «*mit* ihm begraben» (V. 4), «*mit* ihm verwachsen» (V. 5) und «*mit* ihm gekreuzigt» (V. 6) auf. Diese Häufung des «mit» bedeutet, dass der Tod Jesu in Sachen des Heils das entscheidend Wichtige ist.[25] Und dieses Entscheidende ist auch für uns schon geschehen, nämlich durch unsere Verbindung mit ihm im Glauben.

Beweis *von oben*, dass der Zugang zu Gott für Menschen wie den Schächer offen ist (Mk 15,38; Mt 27,51).

[24] Den Gegensatz formuliert Jesus gegenüber einigen Pharisäern so (Lk 16,15; Luther 84): «Ihr seid's, die ihr euch selbst rechtfertigt vor den Menschen.»

[25] Dies deckt sich mit Mk 10,45: «Denn auch der Menschensohn ist nicht gekommen, um sich dienen zu lassen, sondern um zu dienen und sein Leben hinzugeben als Lösegeld für viele.»

Glauben ist eng verwandt mit *wissen* (vgl. V. 9, ferner V. 3 und 6 und Joh 17,8) und bedeutet so viel wie «sicher erwarten», «zuversichtlich annehmen», v. a. aber «fest überzeugt sein». Das Wort bezeichnet das genaue Gegenteil von «zweifeln», «nicht genau wissen» oder «vermuten» (Mk 11,23). Diese feste Überzeugung erwächst aus dem Vertrauen auf Gott und auf Jesus (Mk 11,22; Joh 14,1.10).

«Dass wir auch mit ihm leben werden»: Dieser Satz ist zu V. 5b parallel formuliert. Er bezieht sich auf die *künftige* Auferweckung.[26] Die hier formulierte Überzeugung gründet wesentlich darauf, dass Christus bereits von den Toten auferweckt wurde und wir heute schon an der Auferstehungsherrlichkeit in Gestalt der «Neuheit des Lebens» Anteil haben (V. 4). Wieder (wie in V. 5) kommt die eschatologische Spannung zwischen dem «schon jetzt» und dem «noch nicht» zur Sprache.

V. 9   da wir wissen, dass Christus,
       aus [den] Toten auferweckt,   nicht mehr stirbt: Der Tod herrscht
                                   nicht mehr über ihn.

V. 9 wiederholt «auferweckt» aus V. 4b, fügt aber hinzu: Er «stirbt nicht mehr», da nun der Tod keine Herrschaft mehr über ihn hat. «Über ihn» ist im Griechischen betont vorangestellt. Das bedeutet für uns: Zusammengewachsen mit ihm – und *nur* mit ihm –, ist Christi Schicksal auch unser Schicksal (V. 5). Sein Schicksal besteht darin, dass er dem Herrschaftsbereich des Todes entrissen ist und in Ewigkeit lebt.[27] Mehr noch: Der Vater hat durch seinen Tod und vor allem durch seine Auferstehung die Herrschaft des Todes besiegt. So, wie der Tod in die Welt kam und die Herrschaft über alle Menschen ausübte (vgl. Röm 5,12–21), so bedeutet Christi Auferstehung den endgültigen Sieg des Lebens über den Tod. Damit ist ewiges Leben sozusagen «ausgebrochen».

---

[26]   Vgl. Joh 14,2f.; 17,24; Röm 8,17; Kol 3,3f.; 1Thess 4,14; 2Tim 2,11f.

[27]   Entsprechend sagt Jesus in Joh 11,25: «Ich bin die Auferstehung und das [immerwährende, ewige] Leben» (in *dieser* Reihenfolge!).

Dieter Kemmler

Während sich in den östlichen und altorientalischen Mythen das Leben in einem unaufhörlichen Kreislauf von Sterben und Auferstehen dreht, bringt Christus durch seine Auferstehung einmalig und endgültig ewiges Leben. Jesu Geburt und Auferstehung durchbrechen die verhängnisvolle Herrschaft des Todes. Wenn wir mit Jesus leben, so leben wir, solange Jesus lebt! (Vgl. auch Ps 16,10; 49,16; Apg 2,25–27; 13,34f.; Hebr 7,24; Offb 1,18.)

V. 10 a: Denn was er *starb*, *starb* er der b: was er aber *lebt*, *lebt* er [ewig]
Sünde ein für alle Mal; für Gott.

V. 10a: «Denn was er starb ...»: Hier spricht Paulus vom Ziel und Zweck des Sterbens Jesu. Wir erinnern uns an Mk 10,45: Er ist gekommen, um sein Leben zu geben.

«... starb er der Sünde»: Obwohl Christus sündlos lebte, stand er in Solidarität mit der Menschheit und war umgeben von der Herrschaft der Sünde und des Todes. Er war ein Mensch, von Gott «in Gestalt des von der Sünde beherrschten Fleisches» in die Welt gesandt (Röm 8,3). Darum starb er für unsere Sünde, bezahlte unsere Schuld. Gott hat «den, der von keiner Sünde wusste, ... für uns zur Sünde gemacht, damit wir in ihm zur Gerechtigkeit Gottes würden» (2Kor 5,21). Das heisst: Gott hat Christus unsere Sünde aufgeladen, hat als Oberrichter ihn schuldig gesprochen und verurteilt. Damit wird hier nochmals deutlich: Christus handelte stellvertretend für uns, als er die Strafe für die Sünde trug. Darum ist er – auch dies stellvertretend für uns – aus der Herrschaft der Sünde gleichsam «hinausgestorben». Aber nicht nur das: Sein Tod bedeutet gleichzeitig auch den Tod der Sündenherrschaft. Sie hat real ausgedient, als Herrscherin abgedankt, hat keine Regierungsvollmacht mehr. Das ist der sachliche Grund für die Aussage in Röm 6,2: «Wir, die wir [mit Christus eng verbunden, ebenfalls der Herrschaft] der Sünde starben ...». Die Sünde hat demnach an uns rechtmässig keine Untertanen mehr.

«... ein für alle Mal» (ἐφάπαξ): Das Wort bedeutet ein Doppeltes:

a) *Auf einmal, gleichzeitig:* So, wie Jesus nach seiner Auferstehung *auf einmal,* d. h. gleichzeitig, mehr als fünfhundert Brüdern erschien (1Kor 15,6), ist er bei seinem Sterben auf einmal, d. h. gleichzeitig für alle Menschen und ihre Schuld gestorben. «So ist auch Christus ein einziges Mal geopfert worden, um die Sünden vieler auf sich zu nehmen» (Hebr 9,28).

b) *End-gültig:* Es braucht keine Wiederholung zur Aufhebung der Sünde. Sein Tod ist für immer gültig. «Nun aber, am Ende der Welt, ist er ein für alle Mal erschienen, durch sein eigenes Opfer die Sünde aufzuheben» (Hebr 9,26, Luther 1984). «Mit seinem eigenen Blut ist er ein für alle Mal in das Heiligtum hineingegangen und hat ewige [d. h. endgültige] Erlösung erlangt» (Hebr 9,12; vgl. Hebr 7,27; 10,10; 1Petr 3,18).

Mit Christus sind Glaubende und Getaufte ein für alle Mal dem Machtbereich der Herrscherin Sünde gestorben. Im Hintergrund für die Betonung von «ein für alle Mal» stehen vielleicht die vielen damaligen Natur- und Vegetationsmythen, die von der ewigen Wiederkehr des Sterbens und Auferstehens der Natur erzählten und das Schicksal des Menschen darin einbanden. Der Kreislauf dient – religionspsychologisch betrachtet – dem Wunsch nach Selbsterlösung. Im Gegensatz dazu durchkreuzt das Kreuz Jesu dieses religiöse Kreislaufdenken. Als Glaubende starben wir also in der Taufe ein für alle Mal «mit Christus» (V. 2), wurden auch «begraben mit ihm» (V. 4) und sind also «verwachsen mit dem Abbild seines Todes» (V. 5) und «mitgekreuzigt» (V. 6): So sind wir als Getaufte «mit Christus gestorben» (V. 8). Dies geschah, als wir zum Glauben kamen und getauft wurden (V. 3).[28] Nichts von alledem geschah aus uns selber, sondern, was an Christus geschah, geschieht durch die Taufe auch an und mit uns. Es kommt uns durch die Taufe zugute und wird durch sie als die grosse Gnade Gottes verkündigt.

V. 10b: «... was er aber lebt, lebt er für Gott»: Das Leben nach der Auferstehung ist ewiges Leben – in der Gemeinschaft mit Gott, seinem

---

[28] Vgl. Mk 16,16; Apg 2,38; 16,31.33.

Vater. Für Gott zu leben bedeutet, in seinem Dienst, für seine Anliegen
zu leben.[29]

In alledem wird die ungeheuer grosse Verheissung deutlich, die den
Getauften gilt: Wenn Christus für Gott lebt – in dem Sinne, wie er es in
Joh 17 beschreibt, und dies in Ewigkeit – dann besteht alle Aussicht,
dass die Getauften wie Gott ewig leben werden. Denn genauso lange
werden sie nach Joh 17,3 benötigen, um Gott als den allein wahrhaften
Gott und seinen Sohn Jesus Christus kennenzulernen.

Verschaffen wir uns einen Überblick über die Struktur der Verse 4–10,
wobei ich die Verse 6–7 als «theologischen Kern» in die Mitte stelle:

4–5   *Mit*-begraben   Auferweckt, neues Leben
        Mit dem Tod verwachsen   *Mit* der Auferstehung [verwachsen]

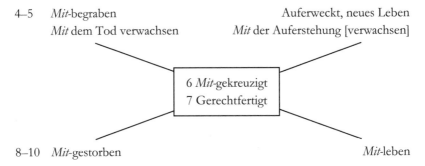

6 *Mit*-gekreuzigt
7 Gerechtfertigt

8–10   *Mit*-gestorben   *Mit*-leben

V. 11–14: Betroffenheit

Welche Ermahnung, welche Folgen ergeben sich aus der Antwort in
V. 4–10? Die Verpflichtung, die sich aus der innigen Verbindung mit
Christus ergibt, steht im Imperativ (V. 11): «Ebenso auch ihr: Rechnet

---

[29] Wir finden diese Lebensweise unüberbietbar ausgedrückt in Jesu Abschieds-
gebet in Joh 17, das durch den Hinweis auf Jesu Wirken für den Vater einge-
rahmt ist. Joh 17,1f.: «… damit der Sohn dich verherrliche», und zwar in der
Weise, dass er allen, die der Vater ihm gibt, ewiges Leben gibt. Vgl. V. 3. –
Joh 17,26: «… und [ich] werde [den Jüngern bzw. Glaubenden] ihn [= deinen
Namen] kundtun, damit die Liebe, mit der du mich geliebt hast, in ihnen sei und
ich in ihnen.» – Wir beachten aber auch Joh 14,13: «… damit der Vater im Sohn
verherrlicht werde.» Vgl. Joh 14,12–14. Auch Phil 2,9–11 kann als ein
Kommentar dazu verstanden werden.

damit, dass [auch] ihr tot seid für die Sünde, lebendig aber für Gott in Christus Jesus.»

Wir dürfen mit unserem Tot- und Lebendigsein *rechnen* (λογίζομαι). Die Folgerung aus der vorangehenden Rechtsbelehrung bezüglich der heilsgeschichtlichen Fakten lautet: Werde, was du schon bist! – Dies ist nun keinesfalls als Aufruf zur moralischen Anstrengung aufzufassen. Wir dürfen vielmehr damit rechnen, dass es «in Christus» geschieht. Denn wir sind tot für die Sünde, d. h. ausserhalb ihres Machtbereiches (vgl. Lk 15,24.32) und leben deshalb in einer «Neuheit des Lebens», für Gott, kurz: als Gerechtfertigte. Darum hat die Sünde bei uns nichts mehr zu suchen, da sie uns durch unser Mitsterben ganz an Christus verloren hat. Sie hat nichts mehr zu bestimmen. Entsprechend soll der neue Mensch ihr keinen Freiraum, kein Betätigungsfeld mehr gewähren. Da er ja unter der gnädigen Herrschaft Christi steht, muss er nicht mehr dem Diktat der Sünde gehorchen, sondern darf und soll Gott zur Verfügung stehen und der Gerechtigkeit dienen.

Dieser erlösende Tod und das neue Leben sind Wirklichkeit nur «in Christus Jesus»,[30] in seinem Wirkungs- und Herrschaftsbereich. Bisher war von «hinein in Christus» (V. 3) und dann von «mit Christus» (V. 4–10) die Rede. Nun mündet das Ganze in das «In-Christus-Jesus». Das bedeutet, dass der Getaufte nicht an sich tot und lebendig ist, sondern nur *in Christus Jesus*, d. h. aufgrund der durch Gott geschaffenen neuen Situation. Diese kam durch Christi Tod und Auferstehung zustande und wurde für uns durch Glauben und Taufe real.

3. Abschluss

Wir blicken zurück und versuchen, unsere Beobachtungen zusammenzufassen:

Formal und sachlich steht im Abschnitt Röm 6,1–11 «mit Christus gekreuzigt» und dessen Resultat, «gerechtfertigt sein», im Mittelpunkt der paulinischen Argumentation (Röm 6,6f.). Diese Zentralität des Kreuzes

---

[30] Hier kommt diese berühmte Formel im Römerbrief zum ersten Mal vor.

im paulinischen Evangelium als dem einzigen Mittel, um die Herrschaft von Sünde und Tod zu brechen, stimmt völlig mit der Theologie von Christi Tod als Sühnopfer gemäss Röm 3,25 überein. Er starb *für uns* bzw. stellvertretend für uns (ὑπὲρ ἡμῶν; vgl. Röm 5,6–8).

Durch die Taufe werden wir aus dem Herrschaftsbereich der Sünde ausgebürgert, und daher leben wir *mit* Christus und *in* Christus. Und weil wir mit und in ihm leben, leben wir *für* Gott.[31] Die Taufe verkündigt, was im göttlichen Heilsgeschehen an und durch Christus für uns geschehen ist: Dem Täufling spricht sie individuell zu, was Christus für ihn getan hat. In diesem Sinne gehört die Taufe in den Zusammenhang von Verkündigung und Glaube; Taufverkündigung ist hier Christusverkündigung. Paulus wirbt für den, der für uns gestorben ist. Die ganze Heilsgeschichte Christi ist auch für mich geschehen – das ist das Thema der Taufe.

Wir entdecken hier ein unauflösliches Ineinander zweier Bedeutungen von Glaube und Taufe. Zum einen spricht Paulus von der repräsentativen Einheit und zum anderen von der realisierten Einheit des Glaubenden und Getauften mit Christus.

Die repräsentative oder repräsentierende Einheit mit Christus meint die im Text vorausgesetzte stellvertretende Einheit mit Christus, wie Paulus sie implizit ausdrückt: Als Christus gekreuzigt wurde und starb, als er begraben und durch die Herrlichkeit des Vaters auferweckt wurde, da geschah dies *für uns*, an unserer statt – und auf diese Weise werden wir sozusagen mit ihm gekreuzigt. Auch wir als Sünder sterben und werden mit ihm begraben und zu neuem Leben erweckt. Hier vertritt Jesus die Menschheit durch seinen Sühnetod vor Gott. Er setzt sein Leben für sie ein. Das wäre noch im Einzelnen zu entfalten. Die Taufe als mein Begräbnis mit Christus zu feiern bedeutet erstens, den Tod und das Begrabenwerden Christi als etwas zu akzeptieren bzw. gelten zu lassen, das für mich geschah, zweitens zu akzeptieren, dass in Christus mein eigener Tod stattfand und schliesslich anzuerkennen, dass ich in Christus auferstanden bin.

---

[31] An diese neuartige Verfasstheit des Lebens in Christus knüpft Paulus in Röm 12,1ff. wieder an und erläutert sie an Beispielen.

Die realisierte Einheit mit Christus ist nicht so sehr Gegenstand des Glaubensbekenntnisses, sondern der Glaubenswirklichkeit, ja spezifisch der Glaubenserfahrung. Sie zeigt sich in den Menschen, die durch Glaube und Taufe in Christi Heilswirken hineingezogen sind. Auch dies bedürfte der ausführlicheren Entfaltung.

Was ist der sachliche Hintergrund dieser paulinischen Aussagen? Eine entscheidende Antwort finden wir in den Abschiedsreden Jesu. Jesus sprach darin von der neuen Weise seiner heilvollen Gegenwart, die seine Jünger nach der Himmelfahrt erfahren würden. Ich beschränke mich hier auf Joh 14, wo einige grundsätzliche Linien erkennbar sind:

Im Zentrum dieses Kapitels stehen formal und sachlich ebenfalls Jesu Weg zum Vater über das Kreuz und die daraus resultierende Rechtfertigung des Sünders und Befreiung von der Macht der Sünde. Ich verweise hier nur auf die entscheidenden Aussagen in ihrem Zusammenhang, nämlich auf Joh 14,2f.6 – zusammen mit Joh 17,19 – und dann auf Joh 14,27–31. In diesen Aussagen beschreibt Jesus seinen Weg zum Kreuz als Sühnopfer für die Menschen und den für die Glaubenden daraus erwachsenden *Frieden mit Gott*, einen Frieden, den die Welt nicht geben und den der Fürst dieser Welt nicht verhindern kann. Diesen Frieden kann Jesus dank seiner Sündlosigkeit vermitteln.

Das Ineinander von repräsentativer und realisierter Einheit der Glaubenden mit Christus und seinem Heilswirken wird in Joh 14 auf faszinierende Weise von Jesus zum Ausdruck gebracht, vor allem durch Aussagen, die mit den drei für Röm 6,1–11 so wichtigen Präpositionen verbunden sind: hinein in (εἰς), zusammen mit (σύν) und in/innerhalb von (ἐν). Sie drücken zusammen eine ungemein enge Gemeinschaft und Solidarität aus, die über Jesu Tod und Auferstehung hinausgehen. Es handelt sich nicht mehr um die Gemeinschaft mit dem historischen Jesus, sondern mit der metahistorischen, Raum und Zeit transzendierenden Person des Christus. Diese Gemeinschaft ist dreifach gekennzeichnet:

a) durch ein Glauben und Vertrauen, das die Beziehung der Jünger zu Jesus zum Ausdruck bringt. Es ist ein «Sich-Verbinden-*hinein-in-Christus*» (auch hier nicht: «in seinen Namen»). Sowohl vor (Joh 14,1) als auch nach (Joh 17,20) Jesu Tod und Auferstehung glauben die Glaubenden (durch ihr Wort der Verkündigung) «in Christus hinein».

b) durch die Gegenwart Christi, die Jesus den mit ihm eng Verbunden-
en, den Glaubenden, zugesagt hat. Er hat ihnen verheissen, auch nach
seiner Kreuzigung und Auferstehung *mit ihnen* zu sein (Joh 14,2f.19),
dies verbunden mit den Aussagen über einen anderen Parakleten, der
für immer «bei euch bleibt und in euch sein wird» (Joh 14,16f.). Diese
Verheissung ergeht aber vor allem im Blick auf seine Zusage in
Joh 14,23b: «Wir [der Vater und ich] werden zu ihm kommen und
uns bei ihm eine Bleibe schaffen», d. h. mit ihm sein. Auf diese Weise
erhalten sie Anteil am Heil, das er für sie mit seinem Sterben und
Auferstehen erwirkt hat. So lässt sich teilweise das mehrmalige Vor-
kommen des «mit» in Röm 6,4–10 erklären.

c) durch eine Einheit, die ein intimes Verhältnis darstellt. Was uns bereits bei Paulus auffiel – die erstmalige Verwendung der Formel «in
Christus» (Röm 6,11, s. o. Anm. 30) –, entdecken wir überraschenderweise auf ähnliche Weise auch in Joh 14,20. Jesus verspricht nämlich
den Jüngern – als Höhepunkt des Themas der Wiederherstellung seiner Gemeinschaft mit ihnen –, dass sie nach Tod und Auferstehung
in ihm sein werden (und er in ihnen; vgl. V. 23). Dieses «in ihm»
kommt hier zum ersten Mal bei Johannes vor. So, wie Jesus «im Vater» ist, so werden auch sie nach seiner Auferstehung «in ihm» sein,
d. h. in seinem Macht- und Herrschaftsbereich. Denn sie sind bereits
jetzt (Joh 14,2f.; 17,19) – paulinisch gesprochen – ausgebürgert aus
dem Herrschaftsbereich der Sünde. Jesus stellt dies in seinem Ab-
schiedsgebet in einen noch grösseren Horizont (Joh 17,20f.): Er bittet
Gott, dass alle, die *in ihn hinein* glauben, eins seien, d. h. dass «so wie
du, Vater, in mir bist und ich in dir, auch sie in uns seien», also in die
innergöttliche Gemeinschaft aufgenommen sind. Haben wir dies
nicht hinter dem «in Christus Jesus» (ἐν Χριστῷ Ἰησοῦ) in Röm 6,11
zu vernehmen?

Wir entdecken einen weiteren Zusammenhang zwischen den beiden Stellen. Die Zusage der «Neuheit des Lebens» (Röm 6,4), die sich als Realisierung und Vergegenwärtigung des jesuanischen Heilsgeschehens in den
Glaubenden entfaltet, steht in einem Zusammenhang mit dem Wort in
Joh 14,19: «Ihr werdet wahrnehmen [θεορεῖτε] dass ich [für immer] lebe
und [deshalb] auch ihr lebt» (Übers. D. K.). Damit ist genau dasselbe ge-

meint, was Paulus einerseits im Blick auf Jesus mit «aus [den] Toten auferweckt nicht mehr stirbt» (Röm 6,9) meint, andererseits aber auch im
Blick auf die Glaubenden und Getauften als «Neuheit des Lebens» bezeichnet, in der schon jetzt der Glanz (δόξα) des Vaters im neuen Leben
der Glaubenden aufleuchtet (vgl. Joh 17,10: «in ihnen bin ich verherrlicht»). Paulus spricht vom alten Leben (ζῆν) in Röm 6,2, dann vom neu-
en Leben (ζωή) aufgrund der Auferstehung Jesu Christi in Röm 6,4 –
und da sind wir präzise am Ort der Aussage Jesu in Joh 14,19.

Wenn Paulus die Neuheit des Lebens in Röm 6,11 als ein Leben «für
Gott» (τῷ θεῷ) bezeichnet, dann können wir darin einen Anklang finden
an Jesu Wort vom *Halten seiner Gebote* (Joh 14,15ff.20ff.) als Folge davon,
dass «auch ihr leben werdet» (vgl. Joh 14,19). Damit umschreibt Jesus im
Wesentlichen sein «neues Gebot» (ἐντολὴ καινή), einander so zu lieben,
wie er uns geliebt hat (Joh 13,34). Ist das ein Dasein für Gott? – Ja, denn
in 1Joh 4,12 heisst es: «Niemand hat Gott je geschaut. Wenn wir aber
einander lieben, bleibt Gott in uns, und seine Liebe ist unter uns zur
Vollendung gekommen.»

Ein Letztes: Wenn Menschen aufgrund ihres «In-Christus-*hinein*»-Glau-
bens *in* Christus Jesus verwurzelt sind, leben sie *für* Gott. Klingt hier
nicht wiederum ein Text aus dem Johannesevangelium an, nämlich die
an Joh 14,19–20 anschliessende, gewaltige Entfaltung des «In-Christus-
Seins» im Gleichnis vom Weinstock und den Reben? Die Formel «ihr in
mir» kommt siebenmal allein in Joh 15,1–10 vor! Jesus schliesst mit dem
Wort: «Dadurch wird mein Vater verherrlicht, dass ihr viel Frucht bringt
und meine Jünger werdet.» (V. 8). Ist das nicht das Ergebnis einer Neuheit des Lebens für Gott? Damit sind wir bei dem in Röm 6,11 Gesagten
angelangt: Wir sollen werden, was wir von Christus her durch Glauben
und Taufe schon sind; allerdings – und das muss für unsere kirchliche
Gegenwart unbedingt unterstrichen werden – es auch wirklich werden!

BERNHARD OTT

Ein täuferisches Taufverständnis in der ökumenischen Diskussion

Ringen um eine Verständigung um der Mission willen

Die Auslegeordnung ist gemacht (Beitrag BEAT WEBER). Ein zentraler Bibeltext liegt für die Diskussion bereit (Beitrag DIETER KEMMLER). Und nun? Nun brauchen wir in unseren Verschiedenheiten und Kontroversen ein «Ringen um eine Verständigung». Ich ringe darum, dass dieses Ringen eine Zielrichtung hat: dass wir uns um der Mission willen verständigen.

Im ökumenischen Kontext über Taufe nachdenken heisst, in missionarischer Perspektive über Taufe nachdenken. Denn das ist die ökumenische Bewegung ja zutiefst von ihren Wurzeln her: ein Ringen um das Miteinander der verschiedenen kirchlichen Traditionen, *um des glaubwürdigeren Zeugnisses in dieser Welt willen!* Jede andere Form von Ökumenismus verfehlt im tiefsten Sinn die Berufung der Gemeinde Christi.[1]

Ein solcher Zugang zu unserem Thema geht vom klassischen Missionsauftrag in Mt 28,18–20 aus, der im Wesentlichen ein «Jüngermach»-Auftrag ist. Dieser wird unter anderem durch die Taufe wahrgenommen. Die Taufe kann deshalb, um mit MARTIN KÄHLER zu sprechen, als «Missionssakrament» bezeichnet werden.[2] Es geht darum, wie Menschen Christen werden, wie sie in die Nachfolge Jesu und in die Gemeinschaft der Nachfolgenden hinein kommen. Taufe, Bekehrung und Mission sind unauflöslich miteinander verbunden. Ich stelle hier deshalb die These an den Anfang, dass nur im Horizont von Mission und Evangelisation angemessen von der Taufe gesprochen werden kann.

---

[1]   Vgl. BOSCH, Mission, 372: «In the emerging ecclesiology, *the church is seen as essentially missionary*»; auch das ganze Kapitel «Mission as Common Witness», 457–467.

[2]   Vgl. ALTHAUS, Wahrheit, 347.

Bernhard Ott

Konkret muss es uns als Kirchen und Gemeinden in Europa in diesem Zusammenhang um die Neuevangelisierung eines nachchristlichen Europas gehen[3] – eines Europas, das vielleicht gar nie so christlich war, wie es manche gerne gehabt hätten.[4] Ich setze bei meinen Betrachtungen zum einen die «Nichtselbstverständlichkeit des Christseins» – auch im so genannten christlichen Europa – und zum andern die Realität und Gültigkeit des Rufes in die Nachfolge Jesu voraus.

Ein letzter einleitender Gedanke: Ich denke nicht im konfessionslosen, sozusagen theologisch neutralen Raum über Taufe, Ökumene und Mission nach. Ich tue das als Täufer: selbstkritisch und fragend – aber auch gewiss und anfragend.[5] Die Herausforderung für jede denominationelle Perspektive hat der mennonitische Missionswissenschaftler WILBERT R. SHENK treffend formuliert:

«Jede kirchliche Tradition muss sich mit der Frage auseinandersetzen: *Worin besteht die missiologische Bedeutung, welche diese Glaubenstradition in der gegenwärtigen Situation hat?* Wenn eine Glaubenstradition nicht in der Lage ist, sich in der Weise in der gegenwärtigen Situation einzubringen, dass bei unseren Zeitgenossen Glaube, Hoffnung und Liebe geweckt werden, ist sie bedeutungslos geworden.»[6]

---

[3] WALLDORF, Neuevangelisierung; zur Herkunft des Begriffs insbesondere 13–15.

[4] Dazu im Zusammenhang mit der Taufe GELDBACH, Hypotheken, 146f., insbesondere Thesen 1 und 9.

[5] Es gibt nicht *das* täuferische Taufverständnis und ich vertrete hier nicht eine offizielle Position irgendeiner täuferischen Kirche oder Tradition, sondern formuliere in eigener Verantwortung. Es kommen vor allem die mennonitische und die baptistische Sichtweise zum Tragen, da diese beiden Kirchen offizielle ökumenische bilaterale Dialoge geführt haben und führen. Mitgemeint sind natürlich auch kleinere täuferische Gemeinden, wie etwa die Evangelischen Täufergemeinden. Eine ganze Anzahl von Freikirchen, die sich nicht direkt mit dem Täufertum in Verbindung bringen, vertreten in manchen Teilen ähnliche Standpunkte und stehen vor vergleichbaren Herausforderungen (z. B. Freie Evangelische Gemeinden, Pfingstgemeinden, Freie Missionsgemeinden).

[6] SHENK, Mission, 97 (Übers. B. O.).

Damit ist umrissen, worum es gehen soll: Wie kann aus täuferischer Sicht die Gemeinde Jesu Christi in grösser werdender Einheit die Taufe wieder zum Missionssakrament werden lassen, zum Akt, durch den Menschen Christen und in die Wirklichkeit der neuen Menschheit hineingestellt werden?

Ich entfalte meine Ausführungen in vier Schritten: Zunächst versuche ich, das täuferische Taufverständnis verständlich darzustellen. Danach gehe ich selbstkritisch auf seine Grenzen und Gefährdungen ein. In einem dritten Teil formuliere ich kritische Anfragen an Kirchen, die Säuglinge taufen. Zum Schluss widme ich mich dem ungelösten ökumenischen Problem der Taufanerkennung.

1. Das täuferische Taufverständnis verstehen

Die Taufe gibt dem Täufertum seinen Namen. Er ist allerdings eine Fremdbezeichnung und weist lediglich auf die sichtbare Spitze des Eisberges hin. Den Täufern geht es nicht um die Taufe *per se*. Das täuferische Taufverständnis wird normalerweise von der Ekklesiologie und der Soteriologie her gedeutet. Es geht um das Sichtbarmachen der Gemeinde der Gläubigen und um die Freiwilligkeit des Christseins.[7] Meistens kommt dabei die Tatsache zu kurz, dass die Täuferbewegung des 16. Jahrhunderts auch als Missionsbewegung verstanden werden muss.[8] Mt 28,18–20 gehört laut Quellen zu den meistgenannten Bibeltexten der frühen Täufer.[9] Die Täufer verstanden den Missionsbefehl Jesu als noch gültig und bindend für ihre Zeit – und zwar für alle Mitglieder der Gemeinde. Dem Zeugnis der Apostelgeschichte folgend verstanden sie sich als missionierende Gemeinde, die im Auftrag von Jesus Christus Menschen zur Umkehr und zum Glauben ruft. Menschen, die auf diesen Ruf

---

[7] So z. B. das Schlussfazit von BLANKE, Brüder, 82.

[8] Grundlegend dazu: SCHÄUFELE, Bewusstsein und Wirken; LITTELL, Selbstverständnis, 159–200.

[9] Vgl. das Kapitel «Der Missionsbefehl» in: LITTELL, Selbstverständnis, 159–200; SCHÄUFELE, Bewusstsein und Wirken, 73–79; KASDORF, Missionsbefehl; SHENK, Ecclesiology; BOSCH, Mission, 245–248.

glaubend antworteten, liessen sich taufen zur Vergebung ihrer Sünden. Sie empfingen den Heiligen Geist und wurden in die Christusgemeinschaft integriert (Apg 2,37–41).[10] Für die Täufer des 16. Jahrhunderts war die Taufe ein Missionssakrament.[11]

Von ihrem Verständnis des Neuen Testaments her entfalteten die Täufer ein Taufverständnis, wie wir es in einem der ersten Bekenntnistexte des frühen schweizerisch-süddeutschen Täufertums, den Schleitheimer Artikeln von 1527, finden:

«Die Taufe soll allen denen gegeben werden, die über die Busse und Änderung des Lebens belehrt worden sind und wahrhaftig glauben, dass ihre Sünden durch Christus hinweggenommen sind, und allen denen, die wandeln wollen in der Auferstehung Christi und mit ihm in den Tod begraben sein wollen, auf dass sie mit ihm auferstehen mögen, und allen denen, die es in solcher Meinung von uns begehren und von sich selbst aus fordern.»[12]

Hier ist offensichtlich von der *Taufe glaubender Menschen* die Rede, die ihren Glauben bekennen und in einem freiwilligen Akt die Taufe fordern. Damit sind bereits wesentliche Charakterzüge eines täuferischen Taufverständnisses deutlich:

– Eine Unterweisung in den Grundfragen des christlichen Glaubens geht der Taufe voran.
– Ebenso gehen Umkehr im Sinne einer Lebensänderung und der Glaube an die erlangte Sündenvergebung der Taufe voran.

---

[10] WRIGHT spricht in diesem Zusammenhang von der «normal Christian birth», Free Church, 77.

[11] Wobei der Begriff «Missionssakrament» nicht verwendet wurde.

[12] Zitiert nach FAST, Der linke Flügel, 62. Im Täufertum des 16. Jahrhunderts gab es durchaus unterschiedliche Akzentsetzungen im Taufverständnis. Eine Zusammenfassung für die frühen Täufer gibt FINGER, Theology, 160–170. Vgl. auch FAST, Taufanschauung. Eine Übersicht über das Taufverständnis in acht älteren und jüngeren mennonitischen Glaubensbekenntnissen bei HARDER, Confessions. Quellentexte nach Themen geordnet (in englischer Übersetzung) in: KLAASSEN, Anabaptism; zur Taufe: 162–189.

- Im Akt des Untertauchens wird das Sterben und Auferstehen mit Christus sinnenhaft zum Ausdruck gebracht.
- Damit bezeugen Täuflinge, dass sie ihr altes Leben hinter sich gelassen haben und fortan in der Nachfolge Jesu («in der Auferstehung») ein neues Leben leben wollen.
- Die Taufe wird an denen vollzogen, die eine so verstandene Taufe in freier Entscheidung wünschen.

Dieses Missions- und Taufverständnis wie auch das sich daraus ergebende Gemeindeverständnis waren nicht kompatibel mit den herrschenden Grosskirchen jener Zeit. Es bedeutete vielmehr eine Konfrontation mit einer ganzen Anzahl selbstverständlicher Grundannahmen des konstantinischen Christentums. Diese Grundannahmen müssen skizziert werden, um die Dynamik des täuferischen Taufverständnisses angemessen zu verstehen.

Zwischen dem 2. und 4. Jahrhundert begann sich die Säuglingstaufe als Regeltaufe durchzusetzen.[13] Dieser Sachverhalt wurde und wird in römisch-katholischer wie auch in reformatorisch-volkskirchlicher Tradition als notwendiger, theologisch begründeter und möglicherweise sogar im Neuen Testament intendierter Prozess gedeutet.[14] Da sich die Kirche nicht mehr in einer Missionssituation befunden habe, so wird argumentiert, sei die Taufe der Säuglinge christlicher Eltern die sich aus der neutestamentlichen Tauftheologie verantwortlich ergebende Form

---

[13] Vgl. WEBER, Dogmatik II, 668. SCHLINK, Lehre, 110–115. Grundlegend und kontrovers zur frühkirchlichen Entwicklung der Säuglingstaufe: JEREMIAS, Kindertaufe; ALAND, Taufe. Aus täuferischer Sicht auch der baptistische Historiker STUHLHOFER, Symbol, 24–50.

[14] Evangelische Theologien gehen oft davon aus, dass die Säuglingstaufe zwar nicht die in neutestamentlicher Zeit praktizierte Taufe, jedoch theologisch konsequent vom Neuen Testament hergeleitet sei (so ALTHAUS, Wahrheit, 347–354; WEBER, Dogmatik II, 668f.). Allerdings sind auch in neuerer Zeit Studien vorgelegt worden, die eine direkte biblische Begründung versuchen. ULRICH ZIMMERMANN argumentiert in seiner Dissertation via die Kinderbeschneidung-Kindertaufe-Analogie (ZIMMERMANN, Kinderbeschneidung). WICK sieht in Mt 28,19 einen Völkertauf-Befehl, der die Taufe von Säuglingen impliziere (Taufpraxis).

der Taufe geworden. Aus der Bekehrungs- und Missionstaufe wurde so eine Nachwuchstaufe.

Im Zuge dieser Entwicklung kam es zu einer grundlegenden Akzentverschiebung im Missionsverständnis und in der Missionspraxis. Mission war nach der Konstantinischen Wende nur noch etwas, was sich an der Peripherie des *Corpus Christianum* abspielte.[15] Intern wurden mittels Säuglingstaufe alle Glieder der Gesellschaft nominell Christen, d. h. Mitglieder der Kirche. Das hat sich im Wesentlichen auch durch die Reformation nicht geändert. Im konstantinischen Christentum, so JÜRGEN MOLTMANN,

«… pflanzen sich Kirchen mit der Kindertaufe durch Geburt und Tradition von Generation zu Generation fort: Jeder, der von christlichen Eltern abstammt, wird in die christliche Gemeinde hinein geboren.»[16]

MOLTMANN weiter:

«Die Kindertaufe ist zweifellos der Grundpfeiler des *Corpus Christianum*, der Societas Christiana und einer ‹christlichen Gesellschaft›, die das Christentum im weitesten Sinne des Wortes als ihre Tradition anerkennt oder wenigstens nicht ablehnt. Die Kindertaufe ist das Fundament der Volkskirche. Durch sie regeneriert sich die ‹christliche Gesellschaft› im Generationenverband.» (ebd.)

Da durch die Säuglingstaufe der Glaube des Menschen nicht automatisch gesichert werden kann, war die Kirche fortan ein *Corpus Permixtum*, eine Körperschaft von Gläubigen und Ungläubigen.[17] Die Trennlinie zwischen «ausserhalb» und «innerhalb» der Kirche war nicht mehr identisch mit der Trennlinie zwischen Unglaube und Glaube. Damit verschob sich auch die Bedeutung der Taufe. Sie markierte zwar immer noch die Eingliederung in die Kirche, jedoch nicht mehr den Übergang vom Unglauben zum Glauben. Sie war definitiv nicht mehr Bekehrungstaufe.

---

15 MURRAY, Post-Christendom, 128–132.
16 MOLTMANN, Kirche, 254f.
17 Zum Begriff vgl. PÖHLMANN, Dogmatik, 290–292.

In diesem Zusammenhang wird – etwa von PAUL ALTHAUS – gefordert, dass die «missionarische und die innerkirchliche Lage [...] grundsätzlich» zu unterscheiden seien.[18] Der Missionsgedanke ist damit aus dem europäisch-christlichen Binnenraum verschwunden. An seine Stelle tritt das In-den-Glauben-hinein-Führen des als Säugling getauften Nachwuchses. Damit verschwindet auch der Begriff Bekehrung, denn – noch einmal ALTHAUS:

> «Das Christwerden vollzieht sich in der Regel nicht auf dem Wege einmaliger Bekehrung, sondern als Übergang von kindlich-unselbständigem zu persönlichem eigenem Glauben, und zwar meist als Entwicklung, ohne bewussten und feststellbaren einmaligen Einschnitt.»[19]

Das täuferische Glaubens-, Gemeinde- und Missionsverständnis bedeutete eine fundamentale Herausforderung dieser Grundannahmen. Die Täufer verstanden Europa nicht als flächendeckend christianisiert und gingen von der Nichtselbstverständlichkeit des Christseins aus. Vielmehr fühlten sie sich im Sinne der Jünger Jesu dazu berufen, hinzugehen und quer durch Europa Menschen zum Glauben zu rufen.[20] Die Taufe wurde wieder zur Bekehrungs- und Missionstaufe im neutestamentlichen Sinn. Am sichtbaren Akt der Taufe entzündete sich deshalb auch der Konflikt. Für die im *Corpus-Christianum*-Denken funktionierenden Volks- und Territorialkirchen war das ein Dorn im Auge. Da entstand also eine Bewegung quer durch Europa, die sich anmasste, auf kirchlich beanspruchten Territorien zu evangelisieren. Kirchen, die aufgrund ihrer Theologie davon ausgingen, dass alle als Säuglinge getauften Menschen Mitglieder der Kirche und damit Christen sind – in jener Zeit praktisch die gesamte Bevölkerung –, mussten sich durch die Missionspraxis der Täufer zutiefst herausgefordert fühlen. Man kann den Stachel des Täufertums im Fleisch der Grosskirchen ohne diese missionarische Komponente nicht wirklich verstehen.

---

[18] ALTHAUS, Wahrheit, 351.

[19] Ebd.

[20] LITTELL, Selbstverständnis, 159–167.

Die Geschichte ist bekannt: Die Täufer wurden als störende Minderheit verketzert, verfolgt und bis in die evangelischen Bekenntnisschriften hinein offiziell verdammt.[21] Im Gegenzug hat das Täufertum im evangelisch-volkskirchlichen Kirchen- und Taufverständnis jahrhundertelang nur den Abfall von der neutestamentlichen Lehre sehen können und die so genannte Konstantinische Wende als «Sündenfall der Kirche» abqualifiziert.[22]

Machen wir einen Sprung und kommen wir zum Taufverständnis der Täufer in der Gegenwart. Die eingangs erwähnten ökumenischen Gespräche, wie auch manche schwierigen internen Erfahrungen und Entwicklungen mit der Taufe, von denen noch die Rede sein wird, haben dazu geführt, dass die heutigen Täufer ihre Tauftheologie differenziert reflektieren. Im Wesentlichen wird jedoch das in den Schleitheimer Artikeln zum Ausdruck gebrachte Taufverständnis von den mennonitischen und baptistischen Glaubensbekenntnissen der Gegenwart bekräftigt.[23]

(a) Im 1995 von zwei grossen nordamerikanischen mennonitischen Kirchen verabschiedeten Glaubensbekenntnis heisst es:

> «Wir glauben, dass die mit Wasser an Gläubigen vollzogene Taufe ein Zeichen dafür ist, dass diese die Reinigung von Sünde erfahren haben. Gleichzeitig ist die Taufe vor der Gemeinde auch die Besiegelung ihres Bündnisses mit Gott und damit das Gelöbnis, durch die Kraft des Heiligen Geistes Jesus Christus nachzufolgen. Gläubige werden in Christus und seinen Leib, die Gemeinde, durch den Heiligen Geist, durch Wasser und durch Blut hineingetauft.»[24]

Und weiter unten:

---

[21] Die Verdammungen der Täufer in den Bekenntnisschriften ist bereits mehrmals Gegenstand bilateraler Gespräche gewesen; vgl. dazu z. B. «The Attitude of the Reformed Church Today to the Condemnation of Anabaptists in the Reformed Confessional Documents» und «A Mennonite View on the Reformed Condemnations»; beide in: VOM BERG u. a., 42–60.

[22] LITTELL, Selbstverständnis, 80–121.

[23] Vgl. auch JESCHKE, Theology.

[24] The General Conference Mennonite Church und The Mennonite Church, Glaubensbekenntnis, 59f.

«Die christliche Taufe soll denen zugute kommen, die ihre Sünden bekennen und sie bereuen, die Jesus Christus als Herrn und Heiland annehmen und sich verpflichten, Christus als Glieder seines Leibes im Gehorsam nachzufolgen [...]. Die Taufe ist für solche Menschen da, die hinsichtlich ihres Alters und ihrer persönlichen Reife zum verantwortlichen Handeln fähig sind und auf der Grundlage ihres Glaubensgehorsams in freier Entscheidung die Taufe erbitten.»

(b) In der baptistischen *Rechenschaft vom Glauben* wird im Wesentlichen dasselbe ausgesagt:

«Jesus Christus hat seine Gemeinde beauftragt, die an ihn Glaubenden zu taufen. Die Taufe bezeugt die Umkehr des Menschen zu Gott. Deshalb sind nur solche Menschen zu taufen, die aufgrund ihres Glaubens die Taufe für sich selbst begehren. [...] Die Taufe geschieht auf den Namen des Vaters und des Sohnes und des Heiligen Geistes: Der Täufling wird so der Herrschaft Gottes unterstellt.»

«Durch den Vollzug der Taufe wird dem Täufling bestätigt, was ihm das Evangelium zusagt und wozu er sich vor Gott und Menschen bekennt: Jesus Christus ist auch für mich gestorben und auferstanden. Mein altes Leben unter der Herrschaft der Sünde ist begraben, durch Christus ist mir neues Leben geschenkt. Gott gibt mir Anteil an der Wirkung des Todes Jesu Christi. Er lässt auch die Kraft seiner Auferstehung an mir wirksam werden, schon jetzt durch die Gabe des Heiligen Geistes und einst durch die Auferweckung zum ewigen Leben.»

«Mit der Taufe lässt sich der glaubende Mensch als Glied am Leib Christi zugleich in die Gemeinschaft einer Ortsgemeinde eingliedern. Dort erkennt er seine geistlichen Gaben und Aufgaben und übt sie zur Ehre Gottes und zum Wohl der Menschen aus, dort erfährt und gewährt er Hilfe und Korrektur.»[25]

(c) Schliesslich kann auf die Abschlussformulierung des baptistisch-mennonitischen Dialogs (1989–1992) hingewiesen werden:

---

[25] Bund Evangelisch-Freikirchlicher Gemeinden in Deutschland, Rechenschaft, 6.

«Baptists and Mennonites practice believers' baptism which is regarded as the sign and symbol of a person's response in faith and obedience to God's free offer of grace and forgiveness in Christ. Baptism is expected of believers and is generally viewed as entry into church membership and a commitment to follow Christ.»[26]

Täuferische Theologinnen und Theologen sind weiterhin davon überzeugt, dass ein solches Taufverständnis *neutestamentlicher Lehre und Praxis* entspricht.[27] Sie halten daran fest, dass in allen Taufen, die das Neue Testament überliefert, Menschen getauft werden, die das Evangelium gehört haben und durch Umkehr und Glaube eine persönliche Antwort gegeben haben. Die klassische Stelle dafür ist Apg 2,37–41.[28] Von Mt 28,19 her wird die Taufe als Eintritt in die Nachfolge verstanden. Das in der Taufe dargestellte und sinnlich erfahrene Geschehen des Mit-Christus-Sterbens und Mit-Christus-auferweckt-Werdens ist am deutlichsten in Röm 6,2–4 beschrieben. Ebenfalls aus Röm 6 (V. 4–7) stammt die in täuferischer Tauftheologie gerne verwendete Formel «Wandeln in der Auferstehung». 1Petr 3,21 wird oft dahingehend interpretiert, dass von einem in der Taufe zum Ausdruck gebrachten «Gelöbnis Gott gegenüber» die Rede sei.[29] Diese Tauftheologie ist wesensmässig mit dem Gemeindeverständnis verknüpft. Das täuferische

---

[26] Mennonite World Conference und Baptist World Alliance, Conversation, 22f. Als Divergenz zwischen Baptisten und Mennoniten wird übrigens festgehalten: «Baptists view immersion as the proper mode of baptism to represent the believers' identification with the death and resurrection of Christ. Mennonites practice several modes of baptism.»

[27] Alle im Folgenden genannten Texte nach: The General Conference Mennonite Church und The Mennonite Church, Glaubensbekenntnis, 59–63. Die baptistische *Rechenschaft vom Glauben* folgt derselben neutestamentlichen Begründung. Vgl. auch die ausführlicheren exegetischen Arbeiten von BEASLEY-MURRAY, Taufe, und HEINZE, Gemeinde.

[28] So definiert in einer der neuesten baptistischen Studien auch NIGEL G. WRIGHT von Apg 2,37–42 her «The Normal Christian Birth»; vgl. Free Church, 77–79.

[29] Zu 1Petr 3,20f. vgl. BEASLAY-MURRAY, Taufe, 338–344; HEINZE, Gemeinde, 88f.

Taufverständnis ist Ausdruck einer Ekklesiologie, die die Gemeinde der Glaubenden vertritt. Auch darin sieht sich das Täufertum grundsätzlich auf neutestamentlichem Boden.[30]

2. Grenzen und Gefährdungen des täuferischen Taufverständnisses

Das täuferische Taufverständnis blieb nicht unangefochten. Zur massiven Kritik von aussen, seitens der Säuglinge taufenden Grosskirchen, traten schon bald eine Anzahl interner Schwierigkeiten. Diesen wende ich mich nun allererst zu.

2.1. Innere Schwierigkeiten

In seiner Geschichte hat das Mennonitentum seine ursprüngliche missionarische Dynamik nicht bewahren können. Dafür sind verschiedene interne und externe Gründe verantwortlich. Damit kam es auch zu einer Akzentverschiebung in der Taufe. Je mehr das Mennonitentum durch Absonderung und Ausgrenzung zu einem Volk im Volk wurde, begannen volkskirchliche Zustände Fuss zu fassen: Das Hauptaugenmerk lag nicht mehr auf der Mission nach aussen, sondern auf der Glaubensunterweisung des eigenen Nachwuchses. Die Taufe wurde auch hier zunehmend zu einer Nachwuchstaufe. Im kleineren und überschaubareren Raum entstand nicht eine Volks-, wohl aber eine Familien- und Verwandtschaftskirche.[31] Dabei entwickelte sich eine Taufpraxis, die vorsah, dass junge Menschen im Alter von ca. 14 Jahren den Taufunterricht besuchten und anschliessend getauft wurden. In der Theorie blieb das zwar eine Freiwilligkeitstaufe, die an mündigen Menschen auf ihren Wunsch

---

[30] POPKES, Gemeinde, insbesondere die Zusammenfassung des neutestamentlichen Befundes (119–152), der Abschnitt «Der neutestamentliche Standard» (215–217) und im Kapitel «Leitlinien für die Gemeindepraxis (ekklesiologische Wertelehre)» der Absatz «Persönlicher Glaube» (232–234).

[31] Vgl. FAST, Taufe, 26.

hin vollzogen wurde. In der Praxis wurde jedoch meistens der ganze Nachwuchs mehr oder weniger widerstandslos getauft. Der soziale Druck innerhalb der überschaubaren mennonitischen Subkultur hat das Seine dazu beigetragen. Die Nähe dieses Vorgehens zur volkskirchlichen Konfirmation ist nicht zu übersehen. Es kann kaum behauptet werden, dass in diesen Situationen das Prinzip der Mündigentaufe durchgehalten werden konnte.[32] Selbstverständlich hatte dieses Taufverfahren auch ekklesiologische Konsequenzen, denn die Gemeinde wurde damit zum *Corpus Permixtum*. Es entstand eigentlich eine volkskirchliche Situation.[33]

In anderen täuferischen Traditionen ist die Evangelisierung der Jugend sehr bewusst betrieben worden – unter pietistischem und erwecklichem Einfluss nicht selten verbunden mit der Forderung nach einer Missionsbekehrung, was jedoch dem heranwachsenden Glauben oft nicht gerecht werden konnte. «Gezüchtete» Bekehrungserfahrungen werden dann zum Leistungsausweis, der vorgebracht werden muss, damit man zur Taufe zugelassen wird.

Eine andere problematische Entwicklung ist dort zu sehen, wo gewisse Formen von Bekehrungspredigt und Taufpraxis mindestens implizit, manchmal gar explizit, kommunizieren, dass die Taufzulassung durch eine Buss- und Bekehrungsleistung verdient werden müsse. Umkehr und Glaube, ja selbst die Taufe, können so zu menschlichen Leistungen werden. Das Heil schaffende Handeln Gottes am Menschen wird damit als Antwort Gottes auf die Vorleistungen des Menschen verstanden. Gerade dort, wo ernsthaft Busse und Bekehrung gepredigt und als Voraussetzung zur Taufzulassung ‹überprüft› werden, ist diese Gefährdung nicht von der Hand zu weisen.[34]

---

[32] Zur möglichen Illusion der Freiwilligkeitstaufe in diesem Zusammenhang vgl. auch RUTHSATZ, Taufpraxis, 42f.

[33] Zu diesem und dem folgenden Punkt: Mit der Frage einer angemessenen Glaubenserziehung im Kontext der Glaubenstaufpraxis setzt sich MARLIN JESCHKE auseinander in: Believers' Baptism. Vgl. auch HARDER, Baptism, Age at; WALTNER, Baptismal Instruction; JESCHKE, Baptismal Theology.

[34] In sehr rigoroser Form bei SAMUEL HEINRICH FRÖHLICH, dem Gründer der Evangelischen Täufergemeinden (Neutäufer), in: Errettung. Zur kritischen

Schliesslich zielten manche Tauf- und Gemeindeaufnahmepraktiken darauf hin, die wahre, wenn nicht gar die reine Gemeinde zu sichern. Die Gemeindeleitung versteht sich dann als Instanz, die den Glauben der Taufkandidatinnen und -kandidaten prüfen muss, um sicherzustellen, dass das Prinzip der Gemeinde der Glaubenden aufrechterhalten werden kann. Es ist natürlich problematisch, wenn die Gemeinde dem einzelnen Menschen nur noch als fordernde und richtende Prüfinstanz des Glaubens gegenübertritt. Über die folgenschweren Auswirkungen brauchen wir uns hier nicht weiter auszulassen. Leider gibt es zu viele Beispiele solcher Fehlentwicklungen in der Geschichte des Täufertums und der Freikirchen überhaupt. Verständlich, dass immer wieder Menschen aus solchen (täuferischen) Freikirchen weggegangen sind und im Schoss der evangelischen Volkskirchen Raum zum Leben gefunden haben!

Unter dem Einfluss des erwecklich-evangelikalen Individualismus kam es in manchen täuferischen Traditionen zu einem einseitigen Glaubens- und Gemeindeverständnis: Die Gedanken laufen von der Bekehrung des Einzelnen hin zur Mitgliedschaft in der Gemeinde. Heilszueignung und -aneignung beginnen isoliert beim Individuum. Die Gemeinde wird einseitig als Sammlung der Gläubigen verstanden. Die andere Seite, dass die Kirche nämlich dem Glauben des Einzelnen vorangeht und dass die vorlaufende Gnade dem Einzelnen durch die Gemeinde zukommt, wird vernachlässigt. Die Konsequenzen dieser Einseitigkeit sind vielfältig.

Die Gemeinde kommt so für den Einzelnen erst dann ins Blickfeld, wenn er dieser beitreten will. Im Vordergrund stehen Bekehrung und Glaube. Die Integration in eine Gemeinde wird für die Gläubiggewordenen leicht zu einer zweiten, möglicherweise sogar fakultativen Angelegenheit. Täuferische Gemeinden (und mit ihnen alle Freikirchen) können leicht in einen Begründungsnotstand kommen, wenn es darum geht, Menschen, die zum Glauben gekommen sind, die Bedeutung und die Notwendigkeit der Zugehörigkeit zur Gemeinde plausibel zu machen. Wenn das volle Heil sozusagen «draussen» vor der Kirchentüre, also

---

Auseinandersetzung mit FRÖHLICHs Tauflehre vgl. ALDER, Tauf- und Kirchenfrage, 97–116.

individuell, zu haben ist, was soll dann die Gemeindemitgliedschaft? Sie kann dann bestenfalls pragmatisch mit dem Argument begründet werden, dass der Einzelne die Anderen braucht, um seinen Glauben zu leben. Ein solches Argument bleibt aber letztlich individualistisch und egozentrisch.

Diese Problematik wird dort noch verschärft, wo Gläubigentaufe und Gemeindemitgliedschaft getrennt gesehen werden. Dort ist nämlich auch die Gläubigentaufe völlig individualisiert und einzig und allein der individuellen Heilszueignung resp. -aneignung zugeordnet. Zugehörigkeit zu einer Gemeinde rückt dann noch weiter in den Bereich des Fakultativen.

2.2. Anfragen von aussen

Nicht zuletzt aufgrund der beschriebenen intern zutage tretenden Defizite ist das täuferische Taufverständnis aus dem Blickwinkel reformatorischer Theologie immer kritisch beurteilt worden.[35]

Im Bereich der *Soteriologie* wurden (und werden?) die Täufer, weil sie den Glauben der Taufe vorangehen lassen, nicht selten verdächtigt, die Alleinwirksamkeit Gottes im Heilsgeschehen zu unterlaufen und einem Synergismus zum Opfer zu fallen. Die täuferische Taufpraxis erweckt anscheinend den Eindruck, dass Umkehr, Glaube und Taufe Leistungen des Menschen seien, auf die Gott mit Rechtfertigung und Wiedergeburt antworte. Anstelle von Gottes Gnadenhandeln stehe nun der Glaube des Menschen am Anfang. Anstatt – so heisst es – dass der Glaube die Antwort auf den in der Taufe erfolgten Zuspruch der Gnade Gottes sei, werde nun das rettende Handeln Gottes zur Antwort Gottes auf den Glauben des Menschen. Ja, es wird gelegentlich sogar eingewendet, schon die Formulierung «Taufe auf den Glauben» impliziere eine problematische Soteriologie, in der die Taufe theologisch «auf dem Glauben» des Menschen stehe, wo es doch gerade umgekehrt sei, dass nämlich der Glaube des Menschen auf der Taufe «stehe».

Auf *anthropologischer Ebene* wird eingewendet, dass das Täufertum die Sündhaftigkeit des Menschen unterschätze und ihm eine Willensfreiheit

---

[35] Z. B. bei SCHLINK, Lehre, 122f.

attestiere, die er nicht besitze.[36] Dem Täufertum werden pelagianische Tendenzen unterstellt. Das täuferische Taufverständnis mache sich für diese Kritik insbesondere dann angreifbar, wenn die Taufe lediglich als Bekenntnis- oder Mündigentaufe verstanden werde und damit das Wesen der Taufe allein auf der Seite der menschlichen Glaubensentscheidung liege.

Auch *ekklesiologische Bedenken* wurden (und werden?) angemeldet. Ausgangspunkt der kritischen Anfragen ist ein reformatorisch-volkskirchliches Gemeindeverständnis. In den Worten von KURT DIETRICH SCHMIDT:

«[Die] congregatio sanctorum ist invisibilis und muss immer invisibilis sein. Denn wen Gott gerechtfertigt hat, das kann kein Mensch feststellen. Ein Mensch kann zwar behaupten, er glaube wirklich, aber niemand kann wissen, ob das nicht eitel Heuchelei ist, was er behauptet.»[37]

Aus diesem Blickwinkel muss ein Verständnis der Taufe, in dem das Glaubensbekenntnis des Täuflings und seine Verpflichtung zu einem neuen Leben ernst genommen werden, suspekt erscheinen.

Die kritische Anfrage an das täuferische Tauf- und Kirchenverständnis ist von EDMUND SCHLINK besonders pointiert formuliert worden:

«Wird die Taufe als Verpflichtungsakt des Täuflings verstanden, dann begegnet die Kirche dem Täufling nicht als Organ, durch deren Taufen Gott ihn rechtfertigt, heiligt, erneuert, vielmehr tritt der Täufling als der bereits Gerechtfertigte, Geheiligte, Wiedergeborene zu denen hinzu, die durch Glaube und Taufe ihren Glauben bekannt und sich zum Leben der Gerechtfertigten, Geheiligten, Wiedergeborenen verpflichtet haben. An Stelle des passiven Eingegliedertwerdens in den Leib Christi durch die Taufe tritt das aktive Geschehen des Herzutretens zur Taufe und zur Kirche. An Stelle des Gesammelt- und Geeintwerdens durch das göttliche Heilshandeln in der Taufe tritt das Sich-Sammeln und das Sich-Vereinigen durch den Bekenntnisakt der Taufe. Die Kirche begegnet dem Sünder nicht als die Mutter, die ihn durch

---

[36] Zu den unterschiedlichen anthropologischen Voraussetzungen der Säuglings- resp. Gläubigentaufe vgl. SCHLINK, a. a. O., 119.

[37] SCHMIDT, Kirchengeschichte, 313.

die Taufe gebiert, sondern die Glaubenden schliessen sich durch die Taufverpflichtung als Kirche zusammen.»[38]

SCHLINK gesteht dann immerhin ein:

«Zwar ist auch hier der Glaube durch die Verkündigung der Kirche entstan-
den, und insofern ist die Kirche auch hier dem einzelnen vorgegeben und
begegnet ihm als Organ göttlichen Handelns. Aber da nicht nur die Taufe,
sondern auch das Abendmahl als Bekenntnisakt verstanden wird, und da zudem die den Glauben erweckende Bedeutung des verkündigenden Wortes
nicht selten zurücktritt hinter Erlebnissen der Geistestaufe, der Wiedergeburt, der Heiligung, auf Grund derer dann die Taufverpflichtung erfolgt,
wird das Verständnis der Kirche als Organ des göttlichen Heilshandelns zum
mindesten abgeschwächt. Je mehr die Unmittelbarkeit individueller pneu-
matischer Erfahrung als Voraussetzung der Taufe betont wird, um so mehr
wird die Kirche als Zusammenschluss der einzelnen verstanden, die ähnliche
Erfahrungen gemacht haben.»[39]

Mit Hinweis auf BALTHASAR HUBMAIER und die Schleitheimer Artikel
fährt SCHLINK fort:

«Gegenüber dem werkzeuglichen Handeln der Kirche tritt nun eine andere
Funktion in den Vordergrund: Die Kirche prüft den Glauben, die Busse, die
Wiedergeburt derer, die die Taufe begehren, und sie fordert von ihnen die
Verpflichtung, sich ihrer Zucht zu unterwerfen. Sie hört nicht auf, dem
Täufling zu begegnen, aber sie tut dies in anderer Weise.»[40]

SCHLINK schliesst den Absatz mit dem Gedanken:

«Der Imperativ der Mahnung und Drohung, den die Kirche zu verkünden
hat, ist nicht mehr derselbe, wenn er von seiner indikativischen Begründung
in der Taufe gelöst wird. Es ergeben sich Verschiebungen in der Richtung

---

[38] SCHLINK, Lehre, 127–131, bes. 127.
[39] Ebd., 127.
[40] Ebd.

auf eine Gesetzlichkeit, die sich in der Geschichte des Baptismus nicht selten spaltend ausgewirkt haben.»[41]

Schliesslich zielt die Kritik auf das Verständnis des *Wesens der Taufe*. Die Täufer haben historisch die Taufe vor allem als Zeichen und Bekenntnis verstanden.[42] Wo von einer möglichen Taufwirkung die Rede war, befürchteten sie Sakramentalismus. Diese Sicht ist immer wieder kritisiert worden, nicht zuletzt aufgrund der Tatsache, dass die biblischen Texte eindeutig Gottes Handeln mit der Taufe in Verbindung bringen.[43] Weiter wird argumentiert, dass eine Tauftheologie, die das Wesen und den Sinn der Taufe ganz auf die Seite des menschlichen Bekennens und Gehorchens verlegt, besonders anfällig ist für eine Soteriologie, die die Leistung des Menschen in den Vordergrund stellt.

2.3. Verarbeitung der Defizite und der Kritik

Heutige täuferische Theologinnen und Theologen hören diese Anfragen, denn sie betreffen Bereiche, über die gründlicher nachgedacht werden muss. Die neueren mennonitischen und baptistischen Glaubensbekenntnisse dokumentieren zweierlei: (a) Das Täufertum der Gegenwart hält mit Gewissheit und begründeter Überzeugung an der Taufe von glaubenden Menschen fest. (b) Gleichzeitig ist die täuferische Tauflehre differenzierter reflektiert und hat, wo es richtig erschien, Kritik integriert.

Kein mennonitischer oder baptistischer Theologe und kein täuferisches Glaubensbekenntnis der Gegenwart vertritt eine Soteriologie, welche die *ordo salutis* in der Weise umdreht, dass der Glaube als Leistung des Menschen an erster Stelle steht. Auch die gelegentlich verwendete Formel «Taufe auf den Glauben» wird in keiner Weise so verstanden, als ob die Taufe theologisch auf dem Glauben des Menschen stünde. Diese Formulierung will chronologisch und nicht theologisch verstanden werden: Die Taufe folgt auf den Glauben des Menschen.

---

41 Ebd., 128.
42 Vgl. FAST, Taufe, 24f.
43 Vgl. SCHLINK, Lehre, 125; innerbaptistisch auch ATHMANN, Tauflehre.

Die Soteriologie gehört denn auch in den Dokumenten der heutigen ökumenischen Gespräche zwischen den Täuferkirchen und den reformatorischen Grosskirchen weitgehend in den Konvergenzbereich. So konnte im Dialog zwischen Baptisten und Lutheranern bereits 1990 folgende gemeinsame Basis festgehalten werden:

«[Unsere Kirchen] haben im Grossen und Ganzen das gleiche Verständnis von Glaube und Nachfolge. Bei unseren Gesprächen zeigte sich, dass überlieferte Vorbehalte und Befürchtungen auf beiden Seiten den Kern der Sache nicht betreffen, sondern lediglich Gefahren einseitiger Betonungen signalisieren, die sich in der Entwicklung der Traditionen ergeben haben. Wir betrachten beide den Glauben als die gebührende Antwort auf Gottes gnädige Einladung. Der Glaube ist zugleich ein lebenserneuerndes Ereignis und ein lebenslanger Prozess. Er ist völlige und vertrauensvolle in der Nachfolge gelebte Verpflichtung gegenüber Gott.»[44]

Dem wurde im Gespräch zwischen der Europäischen Baptistischen Föderation und der Gemeinschaft Evangelischer Kirchen in Europa hinzugefügt:

«Baptisten mögen dem Glauben als Gabe Gottes mehr Berücksichtigung zu geben haben. Andere Protestanten mögen nicht vergessen, dass die göttliche Gabe des Glaubens notwendigerweise nach menschlicher Antwort ruft und ein erneuertes Leben ermöglicht. Der Glaube wird immer zugleich als eine gnädige Gabe Gottes und als ein Handeln des einzelnen Gläubigen erscheinen.»[45]

In der Schlusserklärung des Gesprächs zwischen reformierten und mennonitischen Theologen in Nordamerika beginnt der Absatz über die Taufe mit dem Satz:

«Was die Taufe betrifft, kamen wir zur übereinstimmenden Auffassung, dass weder die mennonitische noch die reformierte Tradition losgelöst von der

---

[44] Dialog zwischen dem Baptistischen Weltbund und dem lutherischen Weltbund von 1990, Abschnitt II, Art 1, zitiert in: HÜFFMEIER, PECK, Dialog, 39f.

[45] BURKART, Der Anfang des christlichen Lebens, 242.

Lehre von der zuvorkommenden göttlichen Gnade recht verstanden werden kann.»[46]

GELDBACH kann sogar im Hinblick auf viele andere ökumenische Gespräche notieren:

«Übereinstimmung besteht auch hinsichtlich der Tatsache, dass Taufe nur möglich ist, weil Gott zuvor gehandelt hat.»[47]

Auch in der *Ekklesiologie* haben die ökumenischen Gespräche die Reflexion täuferischer Theologinnen und Theologen angeregt. Man ist sich mancher möglichen Einseitigkeit bewusst, und in keinem täuferischen Dokument würde heute theologisch verteidigt, was SCHLINK angeprangert hat. Ja, es muss hinzugefügt werden, dass SCHLINKs Darstellung von 1969 bestenfalls eine Karikatur täuferischer Ekklesiologie ist, die gegenwärtiger täuferischer Reflexion in keiner Weise gerecht wird.

Der baptistische Neutestamentler WIARD POPKES hat in seiner Studie zur Ekklesiologie aufgezeigt, dass im Neuen Testament die Glieder der Gemeinde sowohl mit Passiv-Partizipien: Berufene, Geheiligte, Gerechtfertigte und Begnadete, aber auch mit Aktiv-Partizipien: Glaubende und den Herrn Anrufende, genannt werden. Daraus zieht er die Schlussfolgerung, dass es weder darum gehen kann, die Gemeinde einseitig als Zahl derjenigen zu definieren, denen von aussen passiv (durch die Taufe) das Heil zugeeignet wird, noch – ebenso einseitig – sie als die Versammlung derer zu verstehen, die frei und eigenständig aus sich heraus glauben und der Gemeinde beitreten.

ROBERT FRIEDMAN hat in *The Theology of Anabaptism* eine historische täuferische Sichtweise als dritte soteriologische und ekklesiologische Konzeption dargestellt.[48] Im Gegensatz zu Konzeptionen, in denen die Kirche als Institution eine heilsvermittelnde Stellung einnimmt,[49] und sol-

---

[46] BENDER, SELL, Baptism, 233 (Übers. B. O.).

[47] GELDBACH, Taufe, 129.

[48] FRIEDMANN, Theology, 80f.

[49] FRIEDMANN nennt hier den Katholizismus. Es muss jedoch gefragt werden, ob manche reformatorisch-volkskirchlichen Konzeptionen dem nicht nahe kommen – und dies trotz Betonung des allgemeinen Priestertums.

chen, in denen das Individuum ganz allein, ohne irgendwelche Vermittlung der Kirche zum Heil findet,[50] charakterisiert FRIEDMAN ein täuferisches Verständnis mit dem Satz:

«In Anabaptism, finally, the answer is a combination of a vertical with a horizontal relationship. Here, the thesis is accepted that *man cannot come to God except together with his brother.* In other words, the brother, the neighbour, constitutes an essential element of one's personal redemption. For the disciple there is no such thing as an isolated Christian in his lonely cell. To him brotherhood is not merely an ethical adjunct to Christian theological thinking but an integral condition for any genuine restoration of God's image in man (which after all is the deepest meaning of redemption).» (80f.)

Hier geht es weder darum, dass die Kirche als Repräsentantin Christi den neuen Menschen durch die Taufe gebiert, noch dass das Individuum allein und jenseits von Gemeinde zum Heil findet, um dann durch die Taufe in die Kirche einzutreten. Hier geht es um eine Verbindung von Soteriologie und Ekklesiologie, in der der Einzelne zusammen mit Brüdern und Schwestern von Gott erreicht wird und zu Gott findet.[51]

Eine Soteriologie resp. Ekklesiologie, in der die Kirche den passiven Säugling zum Kirchenmitglied macht, ist einer solchen Ekklesiologie ebenso fremd wie ein Heils- und Kirchenverständnis, in dem das Individuum allein und ausserhalb der Gemeinde zum Glauben findet, um dann via Gläubigentaufe freiwillig in die Gemeinde hinein zu kommen. Die gelebte Gemeinschaft von Schwestern und Brüdern ist der Raum, wo mich Gott erreicht, wo ich zum Glauben finde und wo ich in freiwilliger Entscheidung in verbindliche Gemeinschaft eintrete.

Auch zur Frage nach dem *Wesen* der Taufe haben täuferische Theologen die Kritik aufgegriffen. Im Schlussdokument des mennonitisch-katholischen Dialogs lesen wir in Paragraph 123:

---

[50] FRIEDMANN bezieht sich hier auf den Protestantismus (allgemeines Priestertum). In der Praxis ist diese Sicht jedoch vor allem im erwecklich-evangelikalen Raum anzutreffen.

[51] Mt 5,23–26; 18,15–22 sowie Eph 2,14–18 sind in täuferischer Theologie immer wieder die Kernbelege für ein solches Verständnis. Vgl. auch MILLER, The Gospel of Peace.

«Sowohl mennonitische Bekenntnisdokumente als auch die jahrhundertealte Praxis legen nahe, dass die Taufe nicht nur als ein Zeichen verstanden wird, das über das Taufritual hinaus auf seine historische und geistliche Bedeutung verweist, sondern dass in und durch die Taufe der einzelne und die Glaubensgemeinschaft eine wirksame Veränderung erfahren.»[52]

Gleichzeitig bleibt die Vorsicht gegenüber sakramentalistischen Tendenzen. Im selben Paragraphen heisst es weiter:

«Obwohl mennonitische Theologie und mennonitische Bekenntnisdokumente anerkennen, dass im Taufakt wirklich ‹etwas geschieht›, ist die Umwandlung durch die Taufe in und durch den Ritus nur denkbar, falls und wenn sie in Glaube und Leben des einzelnen, der die Taufe empfängt, und der taufenden Gemeinde bewahrheitet wird.»

Im Baptismus hat vor allem GEORGE BEASLEY-MURRAY die Kritik aufgegriffen und eine Tauftheologie entfaltet, die deutlich damit rechnet, dass in der Taufe Gott handelt.[53] PETER-JOHANNES ATHMANN hat in neuester Zeit mit Nachdruck gefordert, dass eine täuferische Tauflehre von der unbiblischen Einseitigkeit einer rein als Zeichen und Bekenntnis verstandenen Taufe Abschied nehmen sollte.[54] Wenn es allerdings darum geht, wie nun denn theologisch die passive, empfangende und die aktive, bekennende Dimension der Taufe in der Gläubigentaufe zusammengedacht werden sollen, wird deutlich, wie sehr hier auf täuferischer Seite noch theologische Hausaufgaben zu erledigen sind.[55]

---

[52] Das Dokument ist abrufbar unter: www.mennoforum.net.

[53] BEASLEY-MURRAY, Taufe, 345–349; auch referiert in: KERNER, Gläubigentaufe, 200–202; 224f.

[54] ATHMANN, Tauflehre.

[55] ATHMANN hat dazu einige gute Denkanstösse geliefert, ebd., 201–206. GELDBACH, Überlegungen, 256–258, spricht von einem «differenzierten Konsens» im Hinblick auf die ökumenischen Gespräche. Vgl. auch VOLF, Trinität, zur Taufe explizit: 144–147.

Bernhard Ott

Über die gängigen Argumente hinaus geht JOHN H. YODER in seiner Schrift über die Sakramente.[56] Basierend auf 2Kor 5,14–17, Gal 3,27f. und Eph 2,14f. sieht er in der Taufe einen realen Akt Gottes, in dem ein Mensch in die Wirklichkeit der neuen Schöpfung resp. der neuen Menschheit hinein versetzt wird: «Baptism introduces or initiates persons into a new people.»[57] Die Begriffe «neue Schöpfung» und «neue Menschheit» versteht YODER als geistlich-soziale Realitäten. Es geht also nicht (nur) um das individuelle Heil Einzelner, um Rechtfertigung, Wiedergeburt und Sündenvergebung, es geht um einen Schöpfungsakt Gottes, durch den er die neue soziale Realität einer egalitären Gesellschaft schafft, in der Männer und Frauen, Juden und Heiden, Herren und Knechte versöhnt sind.

YODER lehnt ein Taufverständnis ab, das in der Taufe lediglich ein Symbol, ein Zeichen oder ein Bekenntnis sieht.[58] Demgegenüber spricht er von einem «sakramentalen Realismus», der weder sakramentalistisch noch zwinglianisch ist und von ihm so definiert wird:

«In that understanding [...] baptism *is the* formation of a new people [...]
Then we need no path, no line of argument, and no arbitrary statement (e. g. ‹Let us say that this symbol 'x' means ...›) [...]
We start with a ritual act whose first, ordinary meaning is egalitarian. There is no need to ward off its degenerating into a superstitious or magical sacramentalism.»[59]

Wir haben also bei YODER weder lediglich ein Zeichen oder Symbol noch eine magische heilswirkende Handlung, sondern einen realen Akt, durch den Gott die neue Menschheit schafft. Dabei ist für YODER klar, dass glaubende Menschen freiwillig diesen Akt an sich geschehen lassen. Ebenso klar ist für ihn, dass das Gnadenhandeln Gottes vorangeht, so

---

56 YODER, Body Politics. Vgl. auch, wie MIROSLAV VOLF die «Ekklesialität der Kirche» definiert und welchen Platz dabei Bekenntnis und Taufe erhalten (Trinität, 120–150).
57 YODER, Body Politics, 28–46, bes. 28.
58 Ebd., 33. Er nennt ein solches Verständnis übrigens Zwinglianismus und nennt die Baptisten in dieser Hinsicht «radicalized Zwinglians».
59 Ebd.

dass keinesfalls von einer Leistung des Menschen gesprochen werden kann.

3. Täuferische Anliegen im Gespräch mit Kirchen, die Säuglinge taufen

Trotz aller möglichen Defizite und Irrungen eines täuferischen Taufverständnisses und trotz allen Respekts vor der Tauftheologie der Säuglinge taufenden Grosskirchen glauben die Täufergemeinden, dass es ihre bleibende Aufgabe ist, von ihrer Tradition her wesentliche Anliegen auch als Herausforderungen in das ökumenische Gespräch einzubringen. Einige dieser Herausforderungen möchte ich im Folgenden formulieren.[60]

Eine erste – und vielleicht die grundlegendste – Anfrage zielt auf die nach wie vor vorhandenen «Restmengen» eines konstantinischen Kirchenverständnisses (was im Englischen gewöhnlich mit dem Begriff «Christendom» bezeichnet wird). Im Rahmen der Gespräche zum «Aufbruch zu einer missionarischen Ökumene» in Deutschland hat der Baptist ERICH GELDBACH, langjähriger Ökumenereferent im Konfessionskundlichen Institut des Evangelischen Bundes in Bensheim und Professor für Ökumenik und Konfessionskunde in Bochum, das landeskirchliche Parochialsystem, die flächendeckende Säuglingstaufe und den ständigen Proselytismusvorwurf an die Freikirchen als eine der grössten Hypotheken bei der Neuevangelisierung Europas bezeichnet.[61] Damit hat GELDBACH provokativ die neuralgischen Themen benannt, die im Gespräch zwischen Täufern und Volkskirchen sicher an die Tagesordnung gehören und nun im Einzelnen entfaltet werden sollen.

Parochialsystem und Territorialanspruch: Anfragen von täuferischer Seite tauchen sicher da auf, wo die Säuglingstaufe Ausdruck von Machtausübung ist – oder zumindest so wirken und wahrgenommen werden kann. Grosse Teile der Bevölkerung werden mittels Säuglingstaufe beschlagnahmt. Wir fragen besorgt, ob sich darin manchmal noch ein (hoffent-

---

60 Vgl. auch STRÜBIND, Unbotmässigkeit, 89–92.
61 GELDBACH, Hypotheken, 146–151.

lich) überholtes Territorial- und Parochialdenken manifestiert. Aus täuferischer Sicht ist grundsätzlich zu fragen, ob das Beibehalten der Praxis der Säuglingstaufe nicht letztlich darin seinen tiefsten Beweggrund hat, via Volkskirche eine christliche Gesellschaft «herzustellen» oder zu sichern.

Diese kritischen Anfragen kommen ja nicht nur von Seiten des Täufertums; sie werden in den evangelischen Kirchen selber gestellt. Im Zusammenhang mit dem Thema «Gastfreundliche Kirche» widmet der deutsche evangelische Pfarrer WOLFGANG VORLÄNDER eigens der Säuglingstaufe einen Exkurs. Er argumentiert:

> «Ich wage den provokanten Satz, dass die immer noch fast bedenkenlos vollzogene ‹flächendeckende› Praxis der Säuglingstaufe *keineswegs Ausdruck* einer gastfreundlichen Kirchenpraxis ist, im Gegenteil [...]
>
> Meiner Meinung nach ist aber die Säuglingstaufe eine Form der Vereinnahmung unmündiger Menschen, die dringend der Revision bedarf. Faktisch handelt es sich bis in die jüngste Vergangenheit hinein um eine ‹Bevölkerungstaufe›.»[62]

Und bei JÜRGEN MOLTMANN lesen wir, wie schon oben zitiert:

> «Die Praxis der Kindertaufe ist zugleich auch ein offenes politisches Problem der Gestalt der Kirche in ihrer jeweiligen Gesellschaft. Die Kindertaufe ist zweifellos der Grundpfeiler des *Corpus Christianum*, der Societas Christiana und einer ‹christlichen Gesellschaft›, die das Christentum im weitesten Sinn des Wortes als ihre Tradition anerkennt oder wenigstens nicht ablehnt. Die Kindertaufe ist das Fundament der Volkskirche. Durch sie regeneriert sich die ‹christliche Gesellschaft› im Generationenverband.»[63]

Hier ist doch zu fragen, ob es nicht ein Anachronismus ist, wenn in einer längst nachkonstantinischen Zeit in einigen Ländern Europas nach wie vor via Säuglingstaufe und Volkskirchentum konstantinische Zustände aufrechterhalten werden sollen.

---

62 VORLÄNDER, Gottes Gastfreundschaft, 68–74, bes. 68f.
63 MOLTMANN, Kirche, 254f.

Flächendeckende Säuglingstaufe: Eng verbunden damit sind Anfragen im Bereich der Soteriologie. Die täuferische Sicht geht von der «Nichtselbstverständlichkeit» des Christseins aus. Menschen werden nicht als Christen geboren, sondern werden zu Christen irgendwann in ihrem Leben. Die Geburt ist theologisch von der Wiedergeburt abgekoppelt zu betrachten. Schöpfung und Erlösung dürfen nicht vermischt werden. Als Täufer befürchten wir manchmal, dass die Praxis der Säuglingstaufe hier eine gravierende Grenzverwischung kommuniziert. Das Christwerden wird in die Nähe des Menschwerdens gerückt.[64] Damit wird dem als Säugling getauften Menschen fälschlicherweise suggeriert, dass er Christ sei, und es wird ihm möglicherweise verschwiegen, dass ihm zum Christsein Wesentliches fehlt, nämlich der Glaube. Aus missionarischer Sicht muss gefragt werden, ob mit der Säuglingstaufe nicht kontinuierlich Menschen zu Kirchenmitgliedern gemacht werden, die (noch) keine Christen sind, und ob damit nicht ihre Evangelisierung eher unterlaufen, als gefördert wird.[65]

In diesem Zusammenhang sind täuferische Theologinnen und Theologen auch besorgt, wenn die vorlaufende Gnade, die Alleinwirksamkeit Gottes im Heilsgeschehen, der Heilsindikativ, die objektive Seite des Heilsgeschehens und die passive Seite der Heilszueignung dermassen betont werden, dass dadurch der Ruf zur freiwilligen und individuell verantworteten Antwort völlig «aufgesaugt» wird.

Die Täuferkirchen nehmen allerdings erfreut zur Kenntnis, dass heute in der evangelischen Theologie wohl durchgängig betont wird, dass die Taufe nicht ohne den Glauben verstanden und praktiziert werden soll. Dass die reformatorischen Kirchen von einer Wirkung der Taufe *ex opere operato* Abschied genommen haben[66] und den Zusammenhang von Taufe und Glaube sowie Glaube und Taufe betonen, hat das Gespräch zwi-

---

[64] Ich kann an diesem Punkt PETER WICK nicht folgen, der gerade diese Verbindung von Schöpfung und Erlösung in der Taufe fördern möchte: «Als Schwellenritus der soteriologischen Neugeburt liegt eine Verbindung mit der Schwelle der leiblichen Geburt nahe.» (WICK, Taufpraxis).

[65] Vgl. WRIGHT, Free Church, 85.

[66] Vgl. PÖHLMANN, Dogmatik, 264f.; so auch im Rahmen des Täuferjahres BERTSCHMANN, Bundesschluss, 32.

schen reformatorischen Kirchen und Täuferkirchen vorangebracht. Dabei geht es in den heutigen Diskussionen – so nehme ich wahr – weniger
um die heiklen theologischen Überlegungen zum Säuglingsglauben und
zum stellvertretenden Glauben der Eltern, der Paten und der Kirche. Es
geht vielmehr um den späteren Glauben des im Säuglingsalter getauften
Menschen. Die Taufe von Säuglingen sei also nur im Hinblick auf den
späteren Glauben des Täuflings theologisch und praktisch zu verantworten – sagen heute evangelische Theologen.

Folgt man OTTO WEBER, so sind zwei Fehleinschätzungen zu ver-
meiden: Einerseits darf die Taufe nicht als «causa des Glaubens» verstanden werden; sie ist also nicht Ursache des Glaubens, ohne die nicht
geglaubt werden kann.[67] Andererseits darf die Taufe nicht zu einer
«Selbstbekundung des Menschen als eines Glaubenden» werden.[68] Zusammenfassend und im Gespräch mit dem Täufertum sagt WEBER:

> «[...] eine sachliche Trennung von Taufe und Glauben, Glauben und Taufe
> ist ausgeschlossen.
>
> Die Taufe von Christenkindern – nur um eine *solche* kann es in der Kin-
> dertaufe gehen – unterscheidet sich von der Taufe Erwachsener dadurch,
> dass sie nicht vom Glauben ausgeht, wohl aber von dem bereits aufgerichte-
> ten Bundesverhältnis, und dass sie den Menschen demgemäss für den Glau-
> ben bestimmt und der Gemeinde zuordnet.»[69]

Auch aus lutherischer Sicht, in der der Taufe eine grössere Wirkung zugesprochen wird, drängt EDMUND SCHLINK auf den der Taufe folgenden Glauben:

> «Wohl aber ist entscheidend der den Lebenslauf umklammernde Zusam-
> menhang von Glaube und Taufe: Wer nicht glaubt, wird trotz empfangener
> Taufe der Rettung nicht teilhaftig. Weil Glaube und Taufe zusammengehö-

---

[67] Von täuferischer Seite kann nur zugestimmt werden, wenn die Taufe
nicht als *causa* des Glaubens verstanden wird, also keine automatisch Glauben
hervorbringende Wirkung hat. Sonst wäre sie nämlich heilsnotwendig, und kein
Nichtgetaufter könnte glauben.

[68] WEBER, Dogmatik II, 671; vgl. auch KERNER, Gläubigentaufe, 121–123.

[69] WEBER, Dogmatik II, 676.

ren, tauft die Kirche nur solche Kinder, die unter dem Zeugnis des Glaubens aufwachsen werden.»[70]

Der hier betonten Notwendigkeit des Glaubens kann aus täuferischer Sicht nur zugestimmt werden.[71]

In diesem Zusammenhang kann es auch nur als Schritt in die richtige Richtung begrüsst werden, wenn heute ein wachsendes Segment von volkskirchlichen Vertretern eine restriktivere Praxis der Säuglingstaufe fordert. OTTO WEBER sagt es mit erfreulicher Klarheit:

> «Vor allem ist sicher, dass eine Kirche, in der *zwar* die Taufe geübt, der Glaube aber gerade wegen der Verobjektivierung der einst geschehenen Taufe *nicht mehr* mit Ernst verkündigt und gefordert wird, das Recht zur Kindertaufe nicht mehr hat. Man begreift, dass sich Stimmen genug melden, welche auf eine Einschränkung des Kreises der Eltern drängen, die ihre Kinder zur Taufe kommen lassen dürfen. [...]
>
> Was falsch ist, das ist die Verkündigung, die ein generelles Christsein aller Getauften behauptet; sie steht dem im Wege, was mit der Kindertaufe überhaupt intendiert wird: dem eigenen Glauben.»[72]

Solche theologischen Einsichten und – wo es möglich erscheint – auch gemeindepraktische Entwicklungen können für eine Annäherung von Volkskirchen und Freikirchen nur förderlich sein.

Täuferische Kirchen nehmen auch positiv zur Kenntnis, dass es innerhalb der Volkskirchen Stimmen gibt, die die Säuglingstaufe grundlegend in Frage stellen und für die Zukunft die Gläubigentaufe als richtig oder richtungsweisend betrachten. Wir denken, dass z. B. MOLTMANN richtig sieht, wenn er sagt, dass die Säuglingstaufe im Gegensatz zur neutestamentlichen missionarischen Dimension der Taufe stehe und vornehmlich der Sicherung der Volkskirche und des *Corpus Christianum* diene. Darin sieht er eine Umkehrung der neutestamentlichen Ordnung. MOLTMANN schlägt vor, auch im kirchlichen Binnenbereich die missionarische Dimension der Taufe wiederzugewinnen, denn die Eltern haben

---

[70] SCHLINK, Lehre, 133.
[71] Vgl. BEASLEY-MURRAY, Taufe, 507.
[72] WEBER, Dogmatik II, 677f.

die «missionarische Aufgabe» an ihren Kindern, dass sie «in besonderem Masse Missionare und Evangelisten für ihre Kinder» sein sollen. MOLT-MANN fährt fort:

> «Aus der Taufe der Eltern und ihrer christlichen Verantwortung für ihre Kinder folgt keine Nötigung und auch keine Rechtfertigung der Kindertaufe, wohl aber der Auftrag zur Verkündigung an die Kinder […]. Der natürliche Generationenzusammenhang hat Relevanz für die Verkündigung des Evangeliums und den Dienst der Befreiung in der Folge der Zeiten. Er kann aber die Folge der Taufe nicht erzwingen und rechtfertigt nicht die Kindertaufe. Glaube und Taufe verpflichten zum Dienst in den natürlichen Zusammenhängen des Lebens, werden aber durch natürliche Zusammenhänge selbst nicht übertragen.»[73]

MOLTMANN kommt zum Schluss, dass die «ursprüngliche Verheissung der christlichen Taufe» in ihrer volkskirchlichen Realisierung «bis zur Unkenntlichkeit entstellt» ist.[74] Er sieht deshalb den «Weg zu einer neuen, glaubwürdigen Taufpraxis» im «Weg von der Kindertaufe zur Erwachsenentaufe» und präzisiert: «Mit ‹Erwachsenentaufe› ist die Taufe der Glaubenden, Berufenen und Bekennenden gemeint.»[75] Dem ist aus täuferischer Sicht nichts hinzuzufügen.

Nun zu der heiklen Thematik des *Proselytismus*. Täuferische Kirchen (und mit ihnen weitere Freikirchen) bitten im Hinblick auf dessen Konnotationen um einen sorgfältigen Umgang mit diesem belasteten Begriff.[76] Unter Proselytismus wird gewöhnlich das Abwerben von Mitgliedern anderer Kirchen verstanden – im Volksmund auch als «Fischen im fremden Teich» bezeichnet. Davon haben sich im ökumenischen Gespräch grundsätzlich alle beteiligten Kirchen distanziert.[77] Die Sache hat aber aus dem Blickwinkel von «Freiwilligkeitskirchen» einen Haken. Solange die Volkskirchen via Säuglingstaufe ihren nominellen Bestand ter-

---

73 MOLTMANN, Kirche, 255f.
74 Ebd., 257.
75 Ebd., 266.
76 Problemdarstellung bei GELDBACH, Hypotheken, 146f.
77 Ökumenischer Rat der Kirchen, Limaerklärung, 15. Beispiel einer mennonitischen Stellungnahme: BURKART, Das Taufverständnis des Lima-Papiers.

ritorial sichern und verteidigen, wird der Konflikt nicht zu lösen sein. Wenn Menschen, die als Säuglinge zwar getauft wurden, jedoch Gott und der Kirche fern stehen, unter der Evangeliumsverkündigung täuferischer oder anderer freikirchlicher Gemeinden zum Glauben finden und einer täuferischen Gemeinde beitreten, ja sich vielleicht sogar auf ihren Glauben hin taufen lassen möchten, dann verstehen täuferische Kirchen dies nicht als Proselytismus. Das ist nicht Böswilligkeit oder Respektlosigkeit, sondern die logische Konsequenz einer täuferisch-freikirchlichen Ekklesiologie. Hier treffen zwei ekklesiologische Modelle aufeinander, die nicht kompatibel sind.[78] Da ist in den zwischenkirchlichen Dialogen sicher aufmerksames Gespräch nötig.

Die täuferische Sicht betont das Anliegen, dass das Christsein nicht lediglich statisch als Rechtfertigung des Sünders verstanden wird, sondern dynamisch als *Leben in der Nachfolge*. Hier ist im Gespräch noch besser zu klären, was das jeweilige Taufverständnis dazu aussagt. Auf täuferischer Seite ist bei der Taufe der Bezug zur Ethik wesentlich, und man ist nicht ohne Sorge, dass im Verständnis der Säuglingstaufe der Fokus so stark auf der Heilszueignung liegt, dass der Aspekt der Ethik oft zu kurz kommt. Die Taufe will nach täuferischem Verständnis explizit als Eintritt in die Nachfolge verstanden werden, und die Grundlage eines «Lebens in der Auferstehung» soll das Ziel sein (Formulierung der Schleitheimer Artikel).[79]

Trotz aller Einwände – auch in der internen Diskussion[80] – sollte aus täuferischer Sicht auf den *Bekenntnischarakter der Taufe* hingewiesen wer-

---

[78] Wenn DAMIAN BROT im Hinblick auf eine katholische und eine baptistische Ekklesiologie die «Kirche der Getauften» der «Kirche der Gläubigen» gegenüberstellt, dann gilt dies analog für den Dialog zwischen reformatorischen und täuferischen Kirchen (BROT, Kirche).

[79] Hier liegt wohl auch eine unterschiedliche Akzentsetzung zwischen Baptisten und Mennoniten vor. Der *Final Report* der *Baptist-Mennonite Theological Conversation* hält fest: «Baptists emphasize personal salvation whereas Mennonites emphasize commitment to follow Christ in life.» (Mennonite World Conference u. a., Conversation, 23).

[80] KIM STRÜBIND will aufgrund des exegetischen Befunds die Taufe überhaupt nicht als Bekenntnis verstanden haben (Taufe, 221–226). Ich denke, dass

Bernhard Ott

den.[81] Selbstverständlich darf die Taufe nicht auf das Bekenntnis des Täuflings reduziert werden. Doch bei allen möglichen Gefährdungen, die bestehen, wenn die Taufe einseitig nur als Bekenntnisakt verstanden wird, werden die Täuferkirchen an der Bekenntnisdimension der Taufe festhalten. Wenn glaubende Menschen sich taufen lassen, dann ist das ein «Outing», das nicht unterschätzt werden darf. Der christliche Glaube will öffentlich werden. Dadurch erhält die Taufe eine klärende Wirkung. Wer sich taufen lässt, bezieht öffentlich Stellung, wem er/sie gehört und wohin er/sie gehört.

Diese Praxis ist ohne Zweifel mit Risiken verbunden. Die frühen Täufer haben dafür nicht selten mit Hab, Gut und Leben bezahlt. Da ist etwas Radikales an der Taufe. Menschen stehen zu ihrem Glauben, auch wenn es etwas kostet. Als Täufer bekennen wir, dass wir diese Dimension der Taufe oft auch vernachlässigt haben. In einer Kultur, in der Religion und Glaube weitgehend verinnerlicht und privatisiert worden sind, ist dieses radikale Nach-aussen-Treten im Bekenntnis vielleicht wieder neu gefordert. Die Taufe von Glaubenden ist der Akt, der uns vom Neuen Testament gegeben ist, um dies zu tun.[82]

Schliesslich fragen wir aus täuferischer Tradition, ob es reicht, die Taufe lediglich geistlich und institutionell mit der Eingliederung in den Leib Christi in Verbindung zu bringen. Muss die *Verpflichtung zu einem verbindlichen Leben* in dieser Gemeinschaft nicht auch Teil des Taufbekenntnisses sein? Die Taufe ist in manchen täuferischen Traditionen auch immer wieder mit der so genannten «Regel Christi» (Mt 18,15–21) in Verbindung gebracht worden. CHRISTOPH WIEBE kann es in seiner Darstellung frühtäuferischer Tauftheologie sogar mit dem Satz auf den

---

damit das Argument jedoch überdehnt wird. Das ganze Taufgeschehen hat sehr wohl eine Bekenntnisdimension. Sie liegt weniger im Taufakt selbst, den ja nicht der Täufling vollzieht, sondern im begleitenden verbalen Bekenntnis, im Taufbegehren und im Sich-taufen-Lassen.

[81] Vgl. FAST, Taufe, 27–29.

[82] Vgl. MIROSLAV VOLF zur Bedeutung des Bekennens als kirchenkonstituierenden Akt – nicht nur des Individuums, sondern der Gemeinschaft. In diesem Zusammenhang stellt er die Taufe (Trinität, 138–146).

Punkt bringen: «Ohne die Regel Christi soll gar nicht getauft werden.»[83] Damit ist auch bereits die Perspektive auf das Abendmahl gegeben. Dort geht es – in täuferischer Sicht – darum, dass die Verbundenheit mit Christus und den Geschwistern erneuert wird. Und das nicht nur verinnerlicht und geistlich, sondern in der Realität gelebter Gemeinschaft. Das ist die neue Sozialordnung, von der JOHN H. YODER immer wieder treffend gesprochen hat.[84]

4. Taufanerkennung: Das ungelöste ökumenische Problem

Nun ist vor allem eine Frage noch nicht befriedigend geklärt: die Frage nach der Taufanerkennung.[85] Dabei ist, wie GELDBACH richtig feststellt, die Ausgangslage «asymmetrisch».[86]

(a) Die reformatorischen Kirchen, die in der Regel Säuglinge taufen und eine volkskirchliche Ekklesiologie vertreten, können einem täuferisch-freikirchlichen Tauf- und Gemeindeverständnis theologisch zwar nicht in allen Teilen zustimmen, anerkennen jedoch die Mitglieder täuferisch-freikirchlicher Kirchen als Brüder und Schwestern und anerkennen auch die von diesen Kirchen geübte Taufe, wenn es zu Kirchenübertritten kommt.

(b) Die oben dargelegte Theologie erlaubt täuferischen Kirchen nicht eine Anerkennung der evangelischen Grosskirchen in gleicher Weise. Selbstverständlich werden diese Kirchen grundsätzlich als Kirchen des Evangeliums anerkannt, denn alle bilateralen Dialoge haben einen grundlegenden Konsens in der Soteriologie festgehalten. Daraus ergibt sich folgerichtig, dass auch die Glaubenden dieser Kirchen als Brüder und Schwestern anerkannt werden. Täuferische Kirchen sehen keine Proble-

---

[83] WIEBE, Taufe, 33.

[84] YODER, Body Politics, Kapitel 1: «Binding and Loosing», und Kapitel 2: «Breaking Bread Together».

[85] BEASLEY-MURRAY: «Die bedrückendste Schwierigkeit im gegenwärtigen Gespräch betrifft die Gültigkeit der Säuglingstaufe.» (Taufe, 506).

[86] GELDBACH, Taufe, 133.

me in der Gemeinschaft der Gläubigen über die Grenzen ihrer Kirchen hinweg.

Hier beginnen aber auch schon die Schwierigkeiten, vor die sich täuferische Gemeinden gestellt sehen. Aufgrund ihrer oben dargelegten Theologie vom Heil, von der Gemeinde und von der Taufe, können täuferische Gemeinden nicht alle als Säuglinge getauften Glieder evangelischer Kirchen als Brüder und Schwestern in Christus anerkennen. Das Kriterium ist der Glaube und nicht die Taufe. Dies muss mit Vorsicht und im vollen Bewusstsein der Schwierigkeit, diesen Glauben immer feststellen zu können, dennoch im Grundsatz gesagt sein.

Von hier aus fällt auch ein Schatten auf die Säuglingstaufe. Sie kann von den Täufern nicht als Sakrament anerkannt werden, das einen Menschen im vollen Sinn zu einem Christen macht. Selbst wenn bei einem Menschen zu seiner Säuglingstaufe später der Glaube hinzukommt, ist es aus dem Blickwinkel täuferischer Theologie problematisch, die Säuglingstaufe als eine Taufe im biblischen Sinn generell anzuerkennen. Selbstverständlich wird der Glaube eines Menschen anerkannt.

Dies bringt die Täufer im Miteinander mit anderen Kirchen in eine schwierige Situation. Sie werden oft nicht verstanden und gelten als eine Art ökumenischer Spielverderber. Sie sind dankbar, wenn Theologen wie etwa EDMUND SCHLINK im Prinzip verstehen, dass aus dem Blickwinkel der Gläubigentaufe eine Anerkennung der Säuglingstaufe tatsächlich schwierig ist.[87]

Das führt schliesslich zur Frage, ob und unter welchen Bedingungen täuferische Gemeinden in den Fällen, wo als Säuglinge getaufte Menschen zu ihren Gemeinden stossen, die Säuglingstaufe dieser Menschen anerkennen können, oder ob eine «Wiedertaufe» zu fordern ist. Diese Frage wird von verschiedenen täuferischen Kirchen unterschiedlich beantwortet. Aufgrund des Kongregationalismus sind sogar innerhalb der einzelnen täuferischen Denominationen lokale Gemeinden recht frei in ihrer Praxis, was zu einer noch grösseren Vielfalt von Theologien und Praktiken führt.

---

[87] SCHLINK, Lehre, 122.

Im Folgenden sollen abschliessend drei heute vertretene Positionen vorgestellt werden.

Position A: Konsequente Gläubigentaufe

Einige täuferische Gemeindeverbände halten nach wie vor an der von jeher praktizierten, konsequenten Position fest: Wer in eine täuferische Gemeinde eintreten will, muss als gläubiger Mensch getauft sein – entweder schon früher beim Eintritt in eine andere Kirche oder aber beim Eintritt in die Täufergemeinde.[88] Diese Position wird nach wie vor mehrheitlich im Baptismus vertreten.[89] Auch die Evangelischen Täufergemeinden (ETG) halten sich mit ganz wenigen Ausnahmen an diese Linie, ebenso einige mennonitische Gruppen.

In einem 2004 überarbeiteten Leitfaden für die Taufe der Baptisten in Deutschland (zusammengestellt vom Bund Evangelisch-Freikirchlicher Gemeinden) lesen wir zur Frage «Viele Kirchen taufen Säuglinge. Was sollen wir davon halten?»:

«Wenn wir konsequent umsetzen, was das Neue Testament lehrt, müssen wir antworten: Der Säuglingstaufe fehlen entscheidende Elemente, die nach dem Neuen Testament wesentlich für die Taufe sind:
– Anerkennen der Wahrheit des Evangeliums
– Umkehr und Busse
– Gehorsam
– Vertrauen zu Gott, Glaube
Nichts davon hat oder vollzieht der getaufte Säugling. ‹Die Säuglingstaufe ist als eine Fehlentwicklung der Kirchengeschichte abzulehnen. Wer als Säugling getauft wurde, ist nicht im Sinne des Neuen Testaments getauft.› Das ist hart aber wahr. Im Gespräch mit Verfechtern der Säuglingstaufe sollten wir

---

[88] Die Position, dass selbst die Gläubigentaufe einer anderen Kirche nicht anerkannt wird, bespreche ich hier nicht, weil dies nur von konservativen Gruppen praktiziert wird, die nicht an einem Miteinander der Kirchen interessiert sind.

[89] Dort unter dem Begriff «geschlossene Mitgliedschaft», vgl. WIESER, Aspekte, 109.

beharrlich und liebevoll [!] an dieser Erkenntnis festhalten. Eine Brücke könnte sein, die Säuglingstaufe als am Anfang des Lebens erfolgte Segnung – mit all ihren positiven Auswirkungen – zu verstehen, aber eben nicht als Taufe.»[90]

In ähnlichem Sinn hat sich auch REINER MANSEL in einem Vortrag anlässlich einer Tagung von Mennoniten, Baptisten und Evangelischen Täufergemeinden auf dem Bienenberg geäussert:

«3.1.4. Das ntl. Axiom, dass der glaubende Mensch sich taufen lässt, begründet ein anderes Verständnis der Taufe, als das in der volkskirchlichen Taufpraxis zum Ausdruck gebrachte. Daher sind Baptisten nicht in der Lage, im Gegenüber zu anderen Konfessionen, von ‹der einen Taufe› zu reden.

3.1.5. Gleiches gilt nicht vom Glauben: Wir bekennen mit den anderen Kirchen den Glauben an Jesus Christus und wissen uns mit ihnen in Christus verbunden. Diese Verbundenheit bringen wir vielfältig zum Ausdruck: In gemeinsamer Arbeit und Mission, im offenen Gespräch und Austausch miteinander und in der gemeinsamen Feier des Abendmahles. [...]

3.2.3. Es ist nicht sinnvoll, das *Zeugnis der Taufe* glaubender Menschen, das Baptisten bisher geduldig gelebt und in der Konfrontation auch getragen haben, ohne tatsächliche Überzeugung einer anderen Wahrheit, aufzugeben.»[91]

Position B: Pragmatische Lösungen

Die Unklarheiten und Streitigkeiten in der Tauffrage behindern das Miteinander der Christen und Kirchen, sie irritieren bei den in einer mobilen und individualistischen Gesellschaft immer häufiger werdenden Kirchenübertritten und erweisen sich als Hindernis bei der Evangelisierung eines nachchristlichen Europa.[92] Das drängt viele Täufergemeinden dazu, pragmatische Lösungen in der Taufanerkennung zu finden.

Die Baptisten sprechen von einer ‹offenen Mitgliedschaft›:

---

[90] SCHMIDT, Taufe erleben, 29.
[91] MANSEL, Bestimmung.
[92] Vgl. GROSS, Gemeinde, 230f.

92

«Dabei geht es darum, in besonderen Ausnahmefällen solche ‹ungetaufte› Christen (Freunde der Gemeinde, die nicht als Gläubige, sondern als Kinder getauft worden sind) als Gemeindeglieder aufzunehmen, wenn sie bereits zuvor in einer geordneten Beziehung zu einer anderen Gemeinde oder Kirche gelebt haben und sich – aus welchen Gründen auch immer – nicht in der Lage sehen, sich mit gutem Gewissen aufgrund des Bekenntnisses ihres Glaubens (noch einmal) taufen zu lassen.»[93]

Theologisch bleibt es hier bei der Aussage, dass die Säuglingstaufe nicht als Taufe anerkannt werden kann, dass also die Gläubigentaufe als einzige legitime Taufe verstanden wird. Mit Rücksicht auf die Biografie eines Menschen und auf sein Gewissen kann jedoch eine Ausnahmeregelung zur Anwendung kommen.

Andere argumentieren, dass eine Anerkennung der Säuglingstaufe im Einzelfall nur dann gutgeheissen werden kann, wenn eine Person die Säuglingstaufe im besten Sinn der Säuglingstauftheologie empfangen hat, nämlich als Kind gläubiger Eltern, und wenn diese Person bereits in der evangelischen Kirche in den Glauben hineingewachsen ist. Findet hingegen eine Person, die zwar als Säugling getauft wurde, jedoch kirchendistanziert aufgewachsen ist, durch die freikirchliche Verkündigung zum Glauben, wird eine Gläubigentaufe erwartet. NIGEL G. WRIGHT meint dazu:

«This policy does imply that infant baptism plus conversion plus confirmation, although it may not be the preferred route, is not the same as being unbaptised and therefore constitutes an irregular but still spiritually valid way of incorporating people into kingdom and church.»[94]

Hier wird also gewissermassen zwischen einer ‹richtig› und einer ‹nicht richtig› praktizierten Säuglingstaufe unterschieden.[95]

---

[93] BEASLEY MURRAY, GUDERIAN, Gemeinde, 47. Ausführlicher dargestellt und begründet in: BEASLEY-MURRAY, Taufe, 506–516; zusammengefasst bei KERNER, Gläubigentaufe, 223. Auch WRIGHT, Free Church, 88f., sowie ZABKA, Kindertaufe.

[94] WRIGHT, Free Church, 88.

[95] Vgl. auch BEASLEY MURRAY, GUDERIAN, Gemeinde, 47.

Manche Täufergemeinden gehen einen Schritt weiter. Sie halten grundsätzlich an der Gläubigentaufe als neutestamentlicher Taufe fest, regeln die Anerkennung der Säuglingstaufe jedoch offener. Ein Beispiel dafür ist die Regelung der Arbeitsgemeinschaft Südwestdeutscher Mennoniten von 1995:

> «Von Christen und Christinnen, die als Kleinkinder getauft wurden und in unsere Gemeinden übertreten wollen, erwarten wir die Anerkennung unserer Tauflehre und -praxis. Wir stellen diesen Geschwistern jedoch frei, die an ihnen im Kindesalter geschehene Taufe als gültige Taufe anzunehmen oder sich nach dem Bekennen ihres Glaubens nun taufen zu lassen. [...]
> Bei der Aufnahme von Getauften ist uns das Bekenntnis des Glaubens an Jesus Christus [...] wichtig.»[96]

Hervorzuheben ist bei dieser Regelung, dass ein Mensch, der der Gemeinde beitreten will, die täuferische Tauflehre bejaht, auch wenn er oder sie selber diesen Weg nicht vollzogen hat und auch nicht vollziehen will. Das dient vor allem der Erhaltung der täuferischen Identität. Denn diese Person hat ja das Potenzial, über kurz oder lang in verschiedenen Diensten der Gemeinde mitzuarbeiten, möglicherweise in der Unterweisung der Kinder und Jugendlichen, in der Seelsorge oder in der Leitung der Gemeinde. Deshalb wird erwartet, dass Personen, die ohne Gläubigentaufe in die Gemeinde aufgenommen werden, dennoch eine täuferische Tauflehre bejahen.

Position C: Theologische Neubeurteilungen der Säuglingstaufe

Theologisch tiefer greifend sind einige Vorschläge, die eine Neubewertung der Säuglingstaufe versuchen. Sie gehen von der Formulierung der ökumenischen Limaerklärung aus, die eigentlich einen ökumenischen Konsens signalisiert, jedoch auf täuferischer Seite nicht restlos zu über-

---

[96] Der Anfang des christlichen Lebens, 242.

zeugen vermag.[97] Die Limaerklärung hat aber offensichtlich den Weg für weiterführende theologische Reflexionen geöffnet.

JAMES W. MCCLENDON schlägt vor, aus täuferischer Sicht die Säuglingstaufe nicht als «Nicht-Taufe» zu bezeichnen, sondern von einer «defekten» Taufe zu sprechen. Von da her muss dann nicht eine «Wiedertaufe» ins Auge gefasst werden, sondern eine «Taufreparatur». Allerdings erwartet MCCLENDON, dass diese «Reparatur» durch eine Taufe geschieht, was ihn in Konflikt mit der Lehre von der Einmaligkeit der Taufe bringt. Diesen Kompromiss nimmt er in diesem speziellen Fall in Kauf. MCCLENDONs Ansatz ist vorwärtsweisend, weil wirklich eine Neubewertung der Säuglingstaufe aus täuferischer Sicht vorliegt. Der Gedanke, eine defekte Taufe durch eine «Reparaturtaufe» zu reparieren, ohne wirklich von einer zweiten Taufe zu reden, vermag aber wohl weder Täufer noch Protestanten wirklich zu überzeugen.[98]

Einen Schritt weiter gehen S. MARK HEIM und PAUL S. FIDDES.[99] Sie führen das Konzept der «vollständigen christlichen Initiation» ein. Diese umfasst den Glauben und die Taufe, das Handeln Gottes und die Antwort des Menschen. Dadurch gelingt es, die Säuglingstaufe im Prinzip als Taufe anzuerkennen, auch ohne, wie MCCLENDON, von einem Defekt zu reden. Gleichzeitig wird die Säuglingstaufe nicht einfach als vollständige christliche Initiation akzeptiert, sondern als eine noch unvollständige, die durch Glaube und Bekenntnis ergänzt werden muss. Diese Ergänzung kommt ohne zusätzliche Taufe aus. Gleichzeitig bleibt bei dieser Sichtweise klar, dass die ‹richtige› neutestamentliche Taufe die Gläubigentaufe ist. NIGEL G. WRIGHT formuliert deshalb:

> «Not is it enough to say that the elements of the process of Christian initiation can happen in any order. As already argued, *God*, who is free, is not

---

[97] Vgl. JAMES W. MCCLENDON, zitiert in: KERNER, Gläubigentaufe, 232f.; auch BURKART, Taufverständnis.

[98] Der Vorschlag ist dargestellt in: KERNER, Gläubigentaufe, 232–238.

[99] Ihre Positionen sind dargestellt in: KERNER, Gläubigentaufe, 239–257.

bound by baptism and can bestow the Spirit in varying ways. But *we* are bound to baptism and to respect the order within the process.»[100]

Trotz dieser Einschränkung würde diese Sicht das ökumenische Gespräch erheblich voranbringen, weil es sich nicht um eine Kompromisslösung im seelsorgerlichen Einzelfall handelt, sondern um eine theologische Neubewertung der Säuglingstaufe aus täuferischer Sicht – ohne dabei täuferische Akzente aufgeben zu müssen.

Ein dritter Neuansatz stammt vom deutschen Baptisten NORBERT GROSS. Schon der Titel signalisiert, worauf er hinaus will: «Gemeinde der Gläubigen oder Gemeinde der Gläubiggetauften». Ausgangspunkt seines Arguments ist folgende These (These 3):

«Es lässt sich nicht länger theologisch plausibel begründen, warum der Erwerb der Gemeindemitgliedschaft auf dem Weg der ‹Aufnahme durch Zeugnis›, also ohne Taufe auf das Bekenntnis des Glaubens, für Christen ausgeschlossen sein soll, die in ihrem Leben eine solche Taufe auf das Bekenntnis des Glaubens nicht empfangen haben, gleichwohl aber ihren lebendigen persönlichen Glauben an Jesus Christus und ihre Gliedschaft am universalen, sich in verschiedenen Konfessionen und örtlichen Gemeinden manifestierenden Leib Christi bezeugen können.»[101]

GROSS befürchtet nämlich, dass die täuferische Bekenntnistaufe in solchen Fällen zu einer «partikularkonfessionellen Übertritts- oder Eintrittstaufe» wird – und das kann nicht der Sinn der Taufe sein. Wenn die Taufe im biblischen Idealfall Bekehrungs- und Missionstaufe ist – so GROSS –, dann verdunkelt eine solche Übertrittstaufe den wahren Sinn der Taufe mindestens ebenso sehr wie die Säuglingstaufe (These 6). Die Taufe markiert den Übertritt «aus einer nicht von Christus bestimmten Existenzweise in eine von Christus bestimmte Existenzweise» und nicht den Übertritt von einer Konfession in eine andere (These 7). GROSS geht sogar so weit zu fragen, ob nicht in Analogie zur neutestamentlichen Gemeinde, bestehend aus Juden und Heiden (aus Beschnittenen und Unbe-

---

[100] WRIGHT, Free Church, 85.
[101] GROSS, Gemeinde, 230; im Folgenden sind die Thesen angegeben, 230–234.

schnittenen), eine Gemeinde von Glaubenden anvisiert werden sollte, bestehend aus als Säuglinge und als Gläubige Getauften. Und er fügt hinzu:

> «Dass solche Gemeinde fortan nur die Taufe auf das Bekenntnis des Glaubens praktiziert, liegt ebenso nahe oder fällt ebenso schwer wie der Verzicht der Gemeinde aus Juden und Heiden auf die Praxis der Beschneidung.»

Ich weiss nicht, ob dieser Vorschlag auf landeskirchlicher Seite als begrüssenswerte Einladung verstanden werden kann oder lediglich als baptistischer Seitenhieb. Ich weiss aber, dass diese Sichtweise auf täuferischer Seite zur Zeit nicht mehrheitsfähig ist.

5. Schluss

Der Vorschlag von GROSS hat uns auf die von mir zu Beginn formulierte Kernfrage zurückgeführt. Im Hinblick auf Mission und Evangelisation in Europa muss die Taufe (wieder) entschieden Bekehrungs- und Missionstaufe werden. Die Säuglingstaufe, alle Formen von Bekenntnis- und Gläubigentaufen sowie alle Spielarten der partiellen oder totalen Taufanerkennung müssen von der Frage her beurteilt werden: Wie weit sind sie in Theorie und Praxis im Stande zu markieren, dass ein Mensch ein Christ wird? Alles andere sind Nebenschauplätze.

Bibliografie

ALAND KURT, Taufe und Kindertaufe, Gütersloh 1971.

ALDER GARFIELD, Die Tauf- und Kirchenfrage in Leben und Lehre des Samuel Heinrich Fröhlich, VDM, von Brugg 1803–1857, Bern 1976.

ALTHAUS PAUL, Die Christliche Wahrheit, Bd. 2, Gütersloh 1949.

Arbeitsgemeinschaft Südwestdeutscher Gemeinden, Empfehlung zu Taufe und Aufnahme in die Gemeinde, Friedelsheim 1995.

ATHMANN PETER-JOHANNES, Wie biblisch ist die baptistische Tauflehre? Eine kritische Analyse, Zeitschrift für Theologie und Gemeinde 4 (1999), 192–207.

Bernhard Ott

BACHOFNER THOMAS et al., Taufgedächtnis und Taufbestätigung im reformierten Gottesdienst. Grundsätzliche Überlegungen und Anregungen für die Praxis, kopiertes Manuskript, o. O. 2002.

BARTH KARL, Das Christliche Leben. Die Taufe als Begründung des christlichen Lebens (KD IV/4), Zürich 1967.

BEASLEY-MURRAY GEORGE, Die christliche Taufe, Kassel 1968.

BEASLEY MURRAY PAUL, GUDERIAN HANS, Miteinander Gemeinde bauen, Kassel/Wuppertal 1995.

BENDER HAROLD S., Das täuferische Leitbild, in: HERSBERGER GUY F. (Hg.), Das Täufertum. Erbe und Verpflichtung, Stuttgart 1963, 31–54.

BENDER ROSS T., SELL ALAN P. F. (Hg.), Baptism, Peace and the State in the Reformed and Mennonite Traditions, Waterloo 1991.

VOM BERG HANS GEORG, KOSSEN HENK, MILLER LARRY, VISCHER LUKAS (Hg.), Mennonites and Reformed in Dialogue, Genf/Lombard 1996.

BERTSCHMANN DOROTHEE, Bundesschluss oder kräftiger Segen. Die Taufe aus reformierter Sicht, Ferment 1/2007, 32–35.

BLANKE FRITZ, Brüder in Christo, Zürich 1975 (Sonderdruck).

BOSCH DAVID J., Transforming Mission. Paradigm Shifts in Theology of Mission, Maryknoll 1991.

BROT DAMIAN, Kirche der Getauften oder Kirche der Gläubigen, Bern 2002.

Bund der Evangelischen Täufergemeinden, Tauf- und Aufnahmepraxis in der ETG, Uster 1993.

Bund der Evangelischen Täufergemeinden (früher Gemeinden Evangelisch Taufgesinnter), Glaube und Taufe, Uster 1987.

Bund Evangelisch-Freikirchlicher Gemeinden in Deutschland, Rechenschaft vom Glauben (www.baptisten.org/pdf/werwirsind/id-7-pdf.pdf; eingesehen Dezember 2006).

BURKART RAINER W., Das Taufverständnis des Lima-Papiers in mennonitischer Sicht, Mennonitisches Jahrbuch (1987), 59–62.

«Der Anfang des christlichen Lebens und das Wesen der Kirche». Ergebnis des Dialogs zwischen EBF und GEKE, Zeitschrift für Theologie und Gemeinde 10 (2005), 234–250.

DÜRIG GERHARD, BAUER MARTIN, HEINZER RUEDI, Kinder wieder taufen, Kollektenblatt der Evangelischen Gesellschaft des Kantons Bern 518 (1990).

ENNS FERNANDO, Friedenskirche in der Ökumene, Göttingen 2003.

FAST HEINOLD, Taufe und Kirchenzugehörigkeit, Mennonitisches Jahrbuch (1987) 24–31.

—, Bemerkungen zur Taufanschauung der Täufer, ARG 57 (1966), 131–151.

— (Hg.), Der linke Flügel der Reformation, Bremen 1962.

FINGER THOMAS N., A Contemporary Anabaptist Theology, Downers Grove 2004.

FRIEDMANN ROBERT, The Theology of Anabaptism, Scottdale 1973.

FRÖHLICH SAMUEL HEINRICH, Die Errettung des Menschen durch das Bad der Wiedergeburt und die Erneuerung des heiligen Geistes, Zürich 1847.

GELDBACH ERICH, Historische Hypotheken und aktuelle Schwierigkeiten auf dem Weg zu einer missionarischen Kirche in Deutschland, in: Evangelisches Missionswerk Hamburg und Missio (Hg.), Aufbruch zu einer missionarischen Ökumene, Hamburg 1999, 146–151.

—, Taufe (Ökumenische Studienhefte 5), Göttingen 1996.

—, Die Theologische Sozietät und die Taufdiskussion. Einige Schlaglichter, Zeitschrift für Theologie und Gemeinde 2 (1997), 202–206.

—, Einige Überlegungen zu Taufe und Mitgliedschaft, Zeitschrift für Theologie und Gemeinde 2 (1997), 246–260.

The General Conference Mennonite Church und The Mennonite Church (Hg.), Ein Mennonitisches Glaubensbekenntnis, Winnipeg 1995.

GROSS NORBERT, Gemeinde der Gläubigen oder Gemeinde der Gläubiggetauften?, Zeitschrift für Theologie und Gemeinde 2 (1997), 230–234.

HARDER HELMUT, What Anabaptist-Mennonite Confessions of Faith Say About Baptism and the Lord's Supper, Vortrag im Rahmen des Katholisch-Mennonitischen Dialogs, Assisi 2001.

HARDER LELAND D., Baptism, Age at (MennEnc V), Scottdale 1990, 53–55.

HÄRLE WILFRIED, Dogmatik, Berlin ²2000.

HEINZE ANDRÉ, Taufe und Gemeinde, Wuppertal/Kassel 2000.

—, Taufe und Mitgliedschaft, Zeitschrift für Theologie und Gemeinde 4 (1999), 208–222.

HORSCH JOHN, Infant Baptism. Its Origin Among Protestants and the Arguments Advanced For and Against It, Scottdale 1917.

HÜFFMEIER WILHELM, PECK TONY (Hg.), Dialog zwischen der Europäischen Baptistischen Föderation (EBF) und der Gemeinschaft Evangelischer Kirchen in Europa (GEKE) zu Lehre und Praxis der Taufe, Frankfurt 2005.

Bernhard Ott

JEREMIAS JOACHIM, Die Kindertaufe in den ersten Jahrhunderten, Göttingen 1958.

JESCHKE MARLIN, Believers Baptism for Childern of the Church, Scottdale 1983.

—, Baptismal Theology (MennEnc V), Scottdale 1990, 55f.

JOEST WILFRIED, Dogmatik Bd. 2. Der Weg Gottes mit dem Menschen, Göttingen ⁴1996.

KASDORF HANS, Der Missionsbefehl bei den Täufern im 16. Jahrhundert: Seine Bedeutung damals und heute, in: KLASSEN HEINRICH, REIMER JOHANNES, Mission im Zeichen des Friedens, Lage 2003, 31–48.

KERNER WOLFRAM, Gläubigentaufe und Säuglingstaufe. Studien zur Taufe und gegenseitigen Taufanerkennung in der neueren evangelischen Theologie, Norderstedt 2004.

KLAIBER WALTER, THÖNISSEN WOLFGANG (Hg.), Glaube und Taufe in frei-kirchlicher und römisch-katholischer Sicht, Paderborn/Stuttgart 2005.

KLASSEN JOHN N., Die Taufe im Verständnis der Mennonitischen Brüderge-meinden, Mennonitisches Jahrbuch (1987), 63–65.

KLAASSEN WALTER (Hg.), Anabaptism in Outline. Selected Primary Sources, Scottdale 1981.

KREIDER ALAN, Changing Patterns of Conversion in the West, in: DERS. (Hg.), The Origins of Christendom in the West, Edinburgh 2001, 3–46.

—, The Change of Conversion and the Origin of Christendom, Harrisburg 1999.

—, Worship and Evangelism in Pre-Christendom, Cambridge 1995.

LITTELL FRANKLIN H., Das Selbstverständnis der Täufer, Kassel 1966.

MANSEL REINER, Zur Bestimmung des Verhältnisses von Gemeindemitglied-schaft und Taufe, nicht veröffentlichtes Vortragsmanuskript 2004.

Mennonite World Conference und Baptist World Federation, Baptist-Mennon-ite Theological Conversation (1989–1992). Final Report, o. O. o. J.

MILLER MARLIN, The Gospel of Peace, in: ROBERT L. RAMSEYER (Hg.), Mis-sion and the Peace Witness, Scottdale 1979, 9–23.

MOLTMANN JÜRGEN, Kirche in der Kraft des Geistes. Ein Beitrag zur messiani-schen Ekklesiologie, München 1975.

MURRAY STUART, Post-Christendom. Church and Mission in a Strange New World, Carlisle 2004.

Ökumenischer Rat der Kirchen, Taufe, Eucharistie. Konvergenzerklärung der Kommission für Glauben und Kirchenverfassung des Ökumenischen Rates der Kirchen (Limaerklärung), Frankfurt/Paderborn [9]1984.

PÖHLMANN HORST GEORG, Abriss der Dogmatik, Gütersloh [3]1980.

POPKES WIARD, Gemeinde – Raum des Vertrauens. Neutestamentliche Beobachtungen und freikirchliche Perspektiven, Wuppertal/Kassel 1984.

RUTHSATZ DOROTHEA, Taufpraxis und Taufverständnis in unseren Gemeinden, Mennonitisches Jahrbuch (1987), 39–44.

SCHÄUFELE WOLFGANG, Das missionarische Bewusstsein und Wirken der Täufer, Neukirchen-Vluyn 1966.

SCHLINK EDMUND, Die Lehre von der Taufe, Kassel 1969.

SCHMIDT HINRICH, Taufe erleben. Ein Taufkurs in sechs Kapiteln, Kassel [2]2004.

SCHMIDT KURT DIETRICH, Grundriss der Kirchengeschichte, Göttingen [7]1979.

Schweizerischer Evangelischer Kirchenbund (SEK), Zur Frage der Wiedertaufe, Bern 2004.

SHENK WILBERT R., Mission in Anabaptist Perspective, Mission Focus 13 (2005), 97–106.

—, A Great Commission-shaped Ecclesiology, nichtpubliziertes Vortragsmanuskript 2005.

SNYDER ARNOLD C., Täuferische Saat – Weltweites Wachstum. Die historische Mitte täuferischer Identität, Weisenheim am Berg 2003.

SORG THEO, Probleme der volkskirchlichen Taufpraxis, ThBeitr 18 (1987), 81–103.

STRÜBIND KIM, Baptistische Unbotmässigkeit als notwendiges ökumenisches Ärgernis. Ist eine Verständigung in der Tauffrage möglich?, Zeitschrift für Theologie und Gemeinde 10 (2005), 86f.

—, Taufe ist Mitgliedschaft. Eine kleine Apologie des Baptismus, Zeitschrift für Theologie und Gemeinde 2 (1997), 219–229.

STUHLHOFER FRANZ, Symbol oder Realität – Taufe und Abendmahl, Berneck 1988.

VERAGUTH PAUL, Sag mir, wo die Blumen sind. Das Anliegen der Wiedertaufe, Winterthur 2005.

VOLF MIROSLAV, Trinität und Gemeinschaft. Eine ökumenische Ekklesiologie, Mainz/Neukirchen-Vluyn 1996.

Bernhard Ott

VORLÄNDER WOLFGANG, Gottes Gastfreundschaft im Leben der Gemeinde, Stuttgart 1999.

WALLDORF FRIEDEMANN, Die Neuevangelisierung Europas, Giessen 2002.

WALTNER JAMES H., Baptismal Instruction (MennEnc V), Scottdale 1990, 55.

WEBER OTTO, Grundlagen der Dogmatik, Bd. II, Neukirchen-Vluyn [5]1977.

WICK PETER, Taufpraxis und Tauftheologie im Neuen Testament, Vortragsmanuskript 2006.

WIEBE CHRISTOPH, Die Taufe im Täufertum, Mennonitisches Jahrbuch 1987, 32–38.

WIESER FRIEDRICH EMANUEL, Aspekte einer baptistischen Ekklesiologie. Unter besonderer Beachtung der Frage von Taufe und Kirchenzugehörigkeit, Zeitschrift für Theologie und Gemeinde 10 (2005), 98–110.

WRIGHT NIGEL G., Free Church, Free State. The Positive Baptist Vision, Milton Keynes 2005.

YODER JOHN H., Body Politics. Five Practices of the Christian Community Before the Watching World, Scottdale 1992.

—, Täufertum und Reformation im Gespräch. Dogmengeschichtliche Untersuchung der frühen Gespräche zwischen Schweizer Täufern und Reformatoren, Zürich 1968.

ZABKA ANDREAS PETER, Wie gültig ist die Kindertaufe? Zwei Ansätze zur Begründung der «offenen Mitgliedschaft» im Bund Evangelisch-Freikirchlicher Gemeinden, Zeitschrift für Theologie und Gemeinde 4 (1999), 223–237.

ZIMMERMANN ULRICH, Kinderbeschneidung und Kindertaufe, Hamburg 2006.

RALPH KUNZ

Reformierte Taufpraxis – theologisch verantwortet

1. Zur Fragestellung

Reformierte Taufpraxis theologisch verantworten – wie soll das gehen?
Worauf soll man sich beziehen? Auf die Bibel, auf ZWINGLI, BUL-
LINGER oder CALVIN? Auf die altprotestantische oder neuprotestanti-
sche Theologie? Soll man sich auf die kritischen Voten der Wort-Gottes-
Theologen berufen? Oder setzt man später an und entscheidet sich für
eine liberalere Position nach der empirischen Wende? Das alles wären
mögliche Ansatz- und Orientierungspunkte. Reformiert ist halt jeder
nach seiner Façon. Der Titel dieser Publikation – «Eine Taufe – viele
Meinungen» – hat für die Reformierten uneingeschränkt seine Geltung.

Ich verspreche mir deshalb wenig davon, nach einem Konsens in der
reformierten Lehre der Taufe zu fragen, um alsdann mit einer theologischen Wasserwaage die schiefe Praxis zu richten. Verheissungsvoller ist
es, die *Differenzen* innerhalb der reformierten Tauftheologie genauer an-
zusehen und sie mit *Spannungen* in der Taufpraxis ins Gespräch zu bringen. Was aus meiner Sicht theologisch verantwortete Taufe sein soll, will
ich zur Diskussion stellen. Reformierte Theologen sollen diskutieren,
nicht diktieren.

2. Ein Beispiel für Widersprüche in der Taufpraxis

Ich möchte von den Spannungen in der gegenwärtigen Taufpraxis aus-
gehen und das Fallbeispiel präsentieren, das mir am nächsten liegt: Wir
haben unsere Kinder taufen lassen. Wenn ich mich selbst befrage, was
uns, meine Frau und mich, dazu veranlasst hat, muss ich gestehen: Es
waren keine tief schürfenden theologischen Überlegungen. In erster
Linie ging es uns darum, die Geburt unserer Töchter festlich zu begehen.
Wir freuten uns auf einen Gottesdienst, den wir zusammen mit der Ge-

meinde, unseren Familien und einigen ausgewählten Freunden feierten. Natürlich können wir etwas mit der Säuglingstaufe anfangen, wie sie in den reformierten Landeskirchen praktiziert wird. Wir legen das Kind in Gottes Hand, drücken unseren Dank für das Wunder der Geburt aus, verpflichten uns öffentlich, das Kind christlich zu erziehen und bitten um den Segen Gottes. Sonst hätten wir nicht getauft.

Der Akt, den wir Taufe nennen, ist aber phänomenologisch betrachtet eine Darbringung. In vielen Taufliedern wird die Darbringung mit der Taufe identifiziert. So heisst es in der ersten Strophe des bekannten Mundartschlagers: «Bi de Taufi chömmed miir, Herr, mit öisem Chind zu diir.»[1] Die beiden Formen «Darbringung» und «Glaubenstaufe» haben denn auch wenig miteinander zu tun. Das eine ist ein Akt der Eltern, das andere ein Akt des Täuflings. Für Eltern, die ihren Kindern die Möglichkeit der Glaubenstaufe offenhalten möchten, gäbe es die Alternative, Darbringung und Taufe zu entkoppeln und das Kind ‹nur› segnen zu lassen. Das kam uns nie in den Sinn. Wie eine Trockentaufe wäre uns dieses Segnungsritual vorgekommen. Wir hätten eine solche Alternative eher aus Verlegenheit ergriffen, denn als Gelegenheit begriffen. Kommt dazu, dass uns Erlebnisse mit Nottaufen, die vor dem Konfirmationsakt noch erledigt werden mussten, wenig überzeugten.[2] Wir wollten unsere Kinder nicht zu Exoten machen.

Wir konnten als Eltern also etwas anfangen mit der Taufe unserer Töchter. Aber bedeutete dieser Akt für unsere Kinder einen Anfang? Das wird sich weisen. Wir hoffen es. Hoffentlich finden sie den gnädigen Gott, der bei ihrer Taufe angerufen wurde. Hoffentlich sagen sie Ja und Amen und erleben, was im Neuen Testament mit der Taufe beschrieben wird. Und dann denke ich: Im Grunde genommen wäre es doch wunder-

---

[1] Nummer 181 in: Gesangbuch der Evangelisch-reformierten Kirchen der Deutschschweiz [= RG]. Von der Darbringung ist ausserdem in: RG 174, 175, 178, 182, 184, 186 und 187 die Rede.

[2] Was nicht heissen soll, dass es auch überzeugende Argumente für Taufen im Rahmen der Konfirmandenarbeit geben kann! Vgl. GRETHLEIN, Konfirmation, 214ff. Eine eindrückliche Form wird in Münchenbuchsee-Moosseedorf praktiziert. Dort wird die Taufe in die Osternachtsfeier integriert. Das Formular der Feier ist unter www.liturgiekommission.ch zu finden.

schön, es gäbe eine starke Zeichenhandlung, die bewusst erlebt wird und einen *Erfahrungsraum* der Gnade eröffnet, in den hinein ein Mensch immer wieder «kriechen» könnte. Meine ältere Tochter wird nächstens den Kindergarten besuchen. Der liebe Gott ist ein Thema. Wenn Flurina jetzt ihre Taufe mitgestalten und erleben dürfte, hätte sie einen starken Haftpunkt in ihrer Glaubensentwicklung. Die Taufe wäre ein symbolisch gefülltes Refugium! Aber wir haben Flurina als Säugling taufen lassen. Ihre Erinnerung ist leer. Da ist keine Nische, in der sich ein wachsender Glaube mit Bildern und Klängen einer Gottesdienstfeier verbinden könnte. Natürlich versuche ich ihr zu erklären, dass ihre Taufe vollzogen und gültig ist. Aber ist es *ihre* Taufe?

3. Eine Taufe – zwei Bedeutungen

3.1. Spannungen und Widersprüche

Es sind tatsächlich eine ganze Reihe von *Spannungen* in der volkskirchlichen Taufpraxis zu finden. Ich habe von meiner Wahrnehmung dieser Praxis gesprochen und will am eigenen Beispiel demonstrieren, dass die Theologie für diese Spannungen keine Entspannung bedeutet. Im Gegenteil! Ich habe auf Widersprüche verwiesen, in die sich der Theologe verwickelt, der sein Kind taufen lässt, obwohl er unter Taufe etwas anderes versteht. Wenn ich von theologischen *Differenzen* rede, ist mir bewusst, dass diese weder von allen so empfunden, noch neu, noch genuin reformiert sind! Aber im Laufe der Geschichte haben sie vor allem reformierte Theologen zum Widerstand animiert. Ich möchte zuerst diese Differenzen übersichtlicher darstellen, danach zwei Stationen in der Geschichte der reformierten Tauftheologie besuchen, um die Hintergründe für die Fortsetzung der Säuglingstaufe im 16. Jahrhundert und die Gründe für ihre Kritik im 20. Jahrhundert genauer zu prüfen und um schliesslich mein Plädoyer für eine reformierte Taufpraxis besser zu begründen.

Ralph Kunz

3.2. Familienähnliche Zeichenhandlungen namens Taufe

Was ist eine theologisch korrekte Taufe? Wer so fragt, gerät von vornherein auf einen Holzweg. «Die Taufe» gibt es nur im Plural. Und bevor ein Urteil gefällt werden kann, *welche Art der Taufe* angestrebt werden soll, müssen die Elemente der unterschiedlichen Zeichenhandlungen, die als Taufe bekannt sind, miteinander verglichen werden (vgl. rechts Abb. 1).

Ich unterscheide folgende Grundtypen: die Beschneidung, die Darbringung, die Busstaufe, die apostolische Glaubenstaufe, die altkirchliche Taufe und die volkskirchliche Säuglingstaufe. Diese Zeichenhandlungen gehören zur Grossfamilie miteinander verwandter und familienähnlicher Rituale. Es ist wie bei Geschwistern. Gewisse Gesichtszüge erinnern an die Mutter, die Schädelform ist vom Vater. Mit der Übersicht der familienähnlichen Zeichenhandlungen erhebe ich keinen analytischen Anspruch. Mir geht es um die Beobachtung der *signifikanten Merkmalhäufigkeit* der Säuglingstaufe. Auffällig ist die Kumulation der Bedeutungsstränge in diesem Ritual. Es nimmt vieles auf und lässt vieles zu. Es eignet sich deshalb vor allem für Grosskirchen.

Es sorgen m. E. zwei Elemente für die Dominanz und Widersprüchlichkeit der Säuglingstaufe im Christentum. Ihre Herkunft ist nicht eindeutig und ihre Interpretation vieldeutig. Das macht ihre *integrative Kraft* aus. Aber ihr Erbe enthält auch die gefährliche Erinnerung an die *revolutionäre Tat* Gottes. Mit der Taufe ist auch das Gedächtnis an das kommende Reich Gottes und die Nachfolge Jesu verknüpft. Und so regt sich von Zeit zu Zeit im Namen der Taufe Widerstand.

Gleichwohl, um stabile Volkskirchen zu bauen, ist die Säuglingstaufe das praktischere Ritual als die Busstaufe. Die volkskirchliche Präferenz für die Säuglingstaufe ist auch das Ergebnis sozialer und kultureller Faktoren. Vor allem ist sie eng verbunden mit der Idee der *territorialen Ekklesiologie*. Es wird der Anspruch erhoben, dass eine Gesellschaft auf einem bestimmten Terrain mit dem *Corpus Christianum* identisch sei. Diese Idee, die sich in der römischen Staatskirche ausgebildet hatte, konnte sich in den Landeskirchen und in der Volkskirche erhalten. Im paternalistischen Kirchenmodell macht es durchaus Sinn, dass die Taufentscheidung bei den Eltern liegt.

	Beschneidung	Segnung/ Darbringung	Busstaufe des Johannes	Apostolische Taufe	Altkirchliche Taufe	Volkskirchl. Säuglingstaufe
Zeichen der Zugehörigkeit	X			[X]	X	X
Zeichen der Umkehr			X	X	[X]	
Ritus der Initiation	X	X				[X]
Akt der Segnung	X	X		[X]	X	X
Sakrament (kausativ)					X	[X]
für Säuglinge	X	X				X
mit Katechese			[X]	[X]	X	[X]
Einmaligkeit	X			X	X	X
rituelle Waschung	[X]		X	X	X	X

Abb. 1: Merkmale verschiedener Initiationsriten

3.3. Welche Lehre soll die Theologie aus der Vielfalt ziehen?

Die gegenwärtige Taufpraxis in den reformierten Landeskirchen der Deutschschweiz kann nur in der engen Verflechtung von geschichtlichen, rechtlichen, rituellen, kulturellen und theologischen Dimensionen adäquat wahrgenommen werden. Wer auf *eine* Taufe drängt, müsste das, was sich in der Säuglingstaufe akkumuliert hat, wieder auseinander-

dividieren. Wer der Taufe mehr Gewicht verleihen will, wird sie entlasten. Ihr wurde zu viel aufgebürdet. Es müssten ihr einige alte Zöpfe
abgeschnitten werden.

Auf den ersten Blick scheint es klar, wo ein solcher Schnitt ansetzen
müsste. Statt Säuglinge müsste man Erwachsene taufen. Die Taufdiskussion wird immer wieder auf diese Alternative reduziert. Ich halte das aus
zwei Gründen für wenig sinnvoll. Erstens wird mit einer Alternative ein
alter nur durch einen neuen Widerspruch ersetzt. Soll den als Säuglinge
getauften Menschen ihre Taufe abgesprochen werden? *Müssen* sie – nota-
bene als bereits Getaufte – eine Glaubenstaufe absolvieren, um selig zu
werden? Das ist meines Erachtens abwegig. Säuglingstaufe oder Erwachsenentaufe sind aus Gründen der Dogmatik keine Alternativen. Zweitens
hätte der Abschied von der Säuglingstaufe massive Konsequenzen für
die Volkskirche. Ein Schnitt mit und in dieser Tradition ist unter den gegenwärtigen Rahmenbedingungen keine realistische Handlungsoption.
Es ist mit anderen Worten auch eine Frage der *Pragmatik*, wie man mit
der Taufe in der Volkskirche zukünftig verfahren soll. Bevor ich mich
dazu in den abschliessenden Überlegungen präziser äussere, werfen wir
einen Blick zurück zu den Anfängen.

4 Reformierte Taufpraxis – Widersprüche im 16. Jahrhundert

4.1. Zeichen- und Zeugnischarakter der Taufe

Eine Tendenz zur Pragmatik (auch hinsichtlich dogmatischer Fragen)
finden wir schon in der Tauftheologie ZWINGLIs. Bezüglich der Sakramente vertritt er bekanntlich eine überaus kritische Position. In seiner
Schrift «Fidei Ratio» von 1530 versicherte er dem Kaiser, dass die Sakramente die Gnade weder verleihen, noch herbeibringen oder verwalten
können. Denn dies alles leiste der *Geist,* der keinen Führer und kein
Transportmittel brauche. Zwingli vertritt seinen Grundsatz «solus spiri-
tus» so vehement, dass man eigentlich nicht versteht, warum er überhaupt noch an den Sakramenten festhält. Der Geist ist die allmächtige
Kraft und der Zeichenträger ohnmächtig. Der Geist weht, wo er will, das

Zeichen hingegen ist willfährig zu Diensten. Und so kann auch die Tauf-
gnade nicht durch ein Untertauchen *bewirkt* werden.[3] Pragmatisch ist dieser Ansatz insofern, als damit der überaus komplizierte Bau der scholas-
tischen Sakramententheologie auf einen Streich reduziert werden kann.
Es wird alles einfacher: die Theologie, die Zeremonien und das Amt der
Kirche.

ZWINGLI vollzieht also einen Schnitt, aber nicht dort, wo es von einem
Theologen, der sich am Zeugnis der Schrift orientiert, eigentlich erwartet
würde. Er schneidet zwischen Zeichen (*signum*) und Sache (*res*). Weil
Gott der Schöpfer realer ist als alles Geschaffene und sein Geist unsichtbar, ist das äusserliche, sichtbare und geschaffene Zeichen – sei es nun
Brot, Wein oder Wasser – immer sekundär. Es folgt der Gnade, die
durch den Geist vermittelt wird. Inwendig werden wir ohne Sakramente
durch den Geist auf die Gnade vorbereitet.

Mit der starken Betonung des *Zeichencharakters* handelt sich ZWINGLI
ein erstes Problem ein: Es muss doch eine Verbindung zwischen den
äusseren Zeichen und dem, was sie im Inneren anzeigen, bestehen. Sonst
würden die Zeichen nichts bedeuten. Das weiss auch ZWINGLI. Er
nennt diese Verbindung «eine gewisse Analogie».[4] Sie ist so schwach,
dass ZWINGLI die Bedeutung nur eine «Anzeige» oder ein «Symbol» nennen will. Die Taufe ist demnach zwingend ein Zeichen für etwas, das
schon geschehen ist! Sakramentale Zeichen bewirken nichts – weder *ex
vocante* noch *ex operato*. Daraus folgt ihr einziger theologisch legitimer
Zweck: Sie sind zum *öffentlichen Zeugnis* der Gnade gegeben. «Daher bringt
die Taufe die Gnade nicht mit sich, vielmehr wird der Kirche damit
bezeugt, dass sie dem Täufling zuteil geworden ist.»[5]

Mit der starken Betonung des *Zeugnischarakters* handelt sich ZWINGLI
allerdings noch ein zweites Problem ein: Konsequenterweise müsste er
sich mit dieser Argumentation für die Gläubigentaufe aussprechen. Wer
seinen Glauben bekennt und sich taufen lässt, setzt zudem ein viel stär-
keres öffentliches Zeichen als Eltern, die ihr Kind taufen lassen. Aber

---

[3] ZWINGLI, Rechenschaft, 112f.
[4] Ebd., 116.
[5] Ebd., 115 (Hervorhebung R. K.).

Ralph Kunz

ZWINGLI will sich auf dieses Argument der Täufer nicht einlassen. Und er hat seine Gründe. Die Taufe der Gläubigen ist *zu stark* für das reformierte Zürich.

4.2. Gründe gegen die Einführung der Gläubigentaufe

Erstens sind diejenigen, die eine Gläubigentaufe fordern, als Kinder schon getauft worden. Wenn ein potenzieller Täufling aber seine erste Taufe für nichtig erklärt, macht er *nolens volens* die zweite Taufe zum Zeichen des wahren Christseins. Das wiederum verursacht eine neue Spaltung im *Corpus Christianum*. Sie könnte nur dadurch überwunden werden, dass *alle* sich (wieder) taufen lassen oder – wenn es zwei Taufen gäbe – die Erwachsenentaufe der wahren Christen einen anderen Status hätte. Man müsste sie mit einer *Weihe* vergleichen, die zu einem (neuen) *geistlichen Stand* ohne Orden und kirchenrechtliche Legitimation führte. Genau das wollte der Reformator, der den alten geistlichen Stand aufgelöst hatte, um jeden Preis verhindern.[6]

Natürlich hat sich der Reformator nicht *gegen* die Gläubigentaufe ausgesprochen. Aber auch nicht dafür. Der Schnitt zwischen der Initiation in die Glaubensgemeinschaft und der Konfirmation des Glaubens musste aus Gründen der *Staatsräson* unterdrückt werden. Es hätte das System der spätmittelalterlichen Stadtgemeinschaft überfordert. Dass man an der Säuglingstaufe festhielt, liess sich *theologisch* nur mit dem Argument der vorauslaufenden Gnade verantworten.

---

[6] Ich erlaube mir eine Vereinfachung, um die Darlegung zu entlasten. Natürlich ist es im historischen Prozess weder um einsame Entscheidungen des Reformators noch allein um seine theologischen Überlegungen gegangen. Die politischen Verflechtungen der Tauf- bzw. Täuferfrage sind genauso entscheidend. Davon zeugen die Protokolle der Verhöre. Vgl. BAUMGARTNER, Die Täufer und Zwingli. Zur Taufe vgl. auch FUGEL, Tauflehre. Vgl. auch LEU, SCHEIDEGGER, Die Zürcher Täufer 1525–1700.

4.3. Die Säuglingstaufe als Einweihung

Theologisch ist die vorauslaufende Gnade ein starkes Argument für den Geschenkcharakter des Glaubens, aber kein zwingendes Argument für die Säuglingstaufe. Auf eine solche Anwendung der vorauslaufenden Gnade lässt sich leicht kontern, ruft doch gerade die Gnade nach einer *Antwort* des Glaubens.[7] Wenn die Taufe (auch) das Zeichen ist, in dem der Gläubige auf das Geschenk der Gnade antwortet, werden eine Taufe, die alles macht, und ein Täufling, der nichts entscheidet, das Bekenntnis ins Leere laufen lassen. Es ist wie beim Hasen und beim Igel. Der Bekenntnishase kommt zu spät, weil die vielen Igel der Gnade durch den allgegenwärtigen und allwirksamen Geist immer schon da sind. Und es ist abzusehen, dass sich das Bekenntnis irgendwann einmal zu Tode läuft.

Tatsächlich ist bei ZWINGLI ein anderes Argument für die Säuglingstaufe viel wichtiger. Zwar dreht sich auch da alles um die Gnade. Aber die göttliche Initiative ist nicht nur im Blick auf die individuelle Heilsgeschichte entscheidend. Sie ist auch in der kollektiven Geschichte das bewegende Moment. Die Gnade ist so etwas wie der Blutkreislauf im *Corpus Christianum*. Die Blutsverwandten sind darin mit eingeschlossen. Wir sehen, wie ZWINGLI in seiner Argumentation für die Säuglingstaufe, die auf der Analogie zwischen Israel und der Kirche als dem Volk Gottes basiert, die unterschiedlichen Bedeutungsstränge (vgl. oben 3.2.) kunstvoll verknüpft.

«Ich glaube, dass die Kinder Isaak, Jakob, Juda und alle, die aus dem Samen Abrahams stammen, schon als Kinder, wie auch die Kinder, deren Eltern in der ersten Zeiten der Kirche aufgrund der Predigt der Apostel auf die Seite Christi traten, zu dieser Kirche gehören. Denn wenn Isaak und die übrigen Väter nicht dazugehört hätten, hätten sie das Kennzeichen der Kirche nicht erhalten. Wenn sie also zur Kirche gehörten, dann gehörten auch die kleinen

---

[7] Ich argumentiere hier in den Linien von KARL BARTHs Interpretation (vgl. KD IV/4, 45ff.), ohne mich ausdrücklich auf ihn zu berufen! Mir geht es darum zu zeigen, dass die Taufpraxis der Täufer die Konsequenz von ZWINGLIs Geisttheologie ist.

Kinder der Urkirche dazu. Daher glaube ich und weiss ich, dass sie das Sakrament der Taufe als Zeichen empfangen haben. Denn auch die Kinder bekennen, wenn sie von den Eltern dargebracht werden, oder vielmehr, wenn die Verheissung sie darbringt, die für unsere Kinder nicht kleiner, sondern um vieles weiter und reicher geworden ist, als für die Kinder der Hebräer.»[8]

Mit dem Kunstgriff, dass die Verheissung ein Bekenntnis ablegt, mündet die Analogie zwischen Beschneidung und Taufe in das entscheidende Argument: Isaak wurde als Kind beschnitten, obwohl er weder ein Bekenntnis ablegte, noch glaubte. Also steht für die Taufe, wie die Beschneidung, für den Bund. Die Gnade wird im Bund *initial, korporal, familial* und *traditional* gedacht.

BULLINGER folgt dem Gedankengang ZWINGLIs, wenn er im Zweiten Helvetischen Bekenntnis die Taufe als «Einweihungszeichen des Volkes Gottes» definiert. Deshalb gebe es nur *eine* Taufe in der Kirche Gottes. Denn die einmal empfangene Taufe dauert das ganze Leben hindurch an und ist das ewige Unterpfand unserer Annahme als Kinder Gottes.[9] Wie für ZWINGLI ist auch für BULLINGER die Gnade Gottes unsichtbar.

«Inwendig werden wir wiedergeboren, gereinigt und von Gott erneuert durch den Heiligen Geist; äusserlich aber empfangen wir die Bekräftigung der herrlichen Gaben durch das Wasser, in dem auch jene herrlichen Gaben dargestellt und uns gleichsam augenscheinlich dargeboten werden.»[10]

Die Verheissung der Taufe mündet in die Verpflichtung, den eigenen Glauben zu bekennen, Gott Gehorsam zu leisten und ein neues geheiligtes Leben zu führen. Dass die Neugeborenen der Gläubigen getauft werden, begründet er mit dem Spruch Jesu, dass das Himmelreich den Kindern gehöre. «Warum sollen sie [= die Kinder] nicht durch die heilige

---

[8]   ZWINGLI, Rechenschaft, 112.
[9]   Vgl. BULLINGER, Das Zweite Helvetische Bekenntnis, Kapitel XX. Die heilige Taufe, 108–110, bes. 108.
[10]   Ebd., 109.

Taufe eingeweiht werden, wenn sie doch Eigentum und in der Kirche Gottes sind?»[11]

4.4. Lässt sich die reformatorische Taufpraxis theologisch verantworten?

Die Reformatoren müssen sich die Gegenfrage gefallen lassen, warum die Kinder der Christen durch die heilige Taufe überhaupt eingeweiht werden (müssen), wenn sie doch schon in der Kirche Gottes sind. Schlüssig ist die Entscheidung für die Säuglingstaufe auf jeden Fall nicht! Warum braucht es sie? Mein vorläufiges Fazit:

1. Die Entscheidung der Reformatoren, die Säuglingstaufe zu favorisieren, lässt sich unter Berücksichtigung der historischen Umstände als pragmatische kirchen- und staatspolitische Entscheidung nachvollziehen.
2. Die allzu strikte Unterscheidung von Zeichen und Sache führt aber in Aporien, die nicht nur die Taufe in eine theologische Schieflage bringen.
3. Der Versuch, die Wirksamkeit des Sakraments auf das öffentliche Zeugnis zu beschränken, spricht eher für die Gläubigentaufe.
4. Es ist theologisch nicht einsichtig, weshalb die Kirche an einer Taufe im Sinne eines per definitionem nicht heilsnotwendigen *sacramentum initiationis* partout festhalten soll.

5   Reformierte Taufpraxis – Widerstände im 20. Jahrhundert

5.1. Sprung ins 20. Jahrhundert

Wenn wir ins 20. Jahrhundert springen, überspringen wir bewusst einige Kapitel der Geschichte, denn der so genannte Neuprotestantismus hat in Sachen Taufpraxis die altprotestantische Argumentation übernommen.

---

[11]   Ebd., 110.

Auch die beiden grossen Reformbewegungen innerhalb des Protestantismus – der Pietismus und die Aufklärung – brachten in die Tauffrage keine Bewegung. Der untergründige Spiritualismus wirkte bezeichnenderweise in beiden theologischen Hauptströmungen weiter. Für die Positiven wie für die Liberalen haftete einer starken Tauftheologie der Geruch des katholischen Sakramentalismus oder pietistischen Dezisionismus an. Der Streit zwischen dem alten und neuen Protestantismus entzündete sich bezeichnenderweise am Apostolikum! Nicht die Taufe, sondern die Bekenntnispflicht wurde zur soteriologischen Schlüsselfrage. In einer Kirche, in der alle Kinder «durch die heilige Taufe eingeweiht werden», bekommt die Konfirmation des Heils Entscheidungscharakter.

Erst im 20. Jahrhundert kam Bewegung in die Tauffrage, wobei KARL BARTH eine wichtige Rolle spielte. Der Hintergrund für seinen Widerstand gegen die Säuglingstaufe hat einerseits mit der Reformbewegung zu tun, die unter dem Banner der ‹Wort Gottes›-Theologie eine Erneuerung der Kirche forderte. Wichtig sind aber auch die Erfahrungen des Widerstands in den dramatischen Jahren des Kirchenkampfes. Als das Bekenntnis zum Zeichen der Zugehörigkeit wurde, hatte die Taufe als *sacramentum initiationis* definitiv ihren Zeugnischarakter verloren.

BARTH will in seinen Überlegungen zur Taufe gar nichts mehr vom *Heilsmittel* Taufe wissen – wegen der «Packungsbeilage»! Er übernimmt die sakramentskritische Position ZWINGLIs. In der Kraft des Heiligen Geistes ist die Taufe ganz auf das Christusgeschehen bezogen und daher ganz und gar Zeichen im Sinne eines Abbilds, Zeugnisses und einer Erleuchtung dieses Geschehens. Aber BARTH zieht eine andere Konsequenz als ZWINGLI. Er plädiert beherzt für die Taufe der Glaubenden.[12]

5.2.   JÜRGEN MOLTMANNs Plädoyer für die Gläubigentaufe

Ich möchte aber nicht BARTH, sondern Überlegungen seines Schülers JÜRGEN MOLTMANN referieren. Für ihn habe ich mich entschieden, weil

---

[12]   Zu Barths Tauftheologie vgl. KD IV/4. Ich verweise auf die Zusammenfassung der BARTHschen Position und Stellung zu ZWINGLI bei FREUDENBERG, Zwingli vor mir, 24f.

er in seiner 1975 erschienenen Ekklesiologie einen Beitrag zur Diskussion geliefert hat, der an Schärfe und Entschiedenheit dem Plädoyer BARTHs nicht nachsteht, es aber auf erhellende Weise weiterführt und auch seine Problematik beleuchtet.[13] Zwei weitere Gründe für meine Wahl will ich vorab nennen und danach entfalten:

– Erstens verbindet sich MOLTMANNs Kritik an der Säuglingstaufe mit dem Anliegen, die pneumatologische und eschatologische Dimension der Zeichenhandlung wieder in den Vordergrund zu rücken, ohne in den Spalt zwischen Zeichen und Sache zu fallen.
– Zweitens setzt sich MOLTMANN im Unterschied zu BARTH auch mit der Umsetzung einer Taufreform auseinander und vertritt dazu eine dezidierte Meinung.

Was in der reformatorischen Tauftheologie auseinanderzufallen droht, wird in MOLTMANNs Ansatz wieder zusammengeführt. Die individuelle und kollektive Dimension der Taufe werden konsequent verbunden. Nach MOLTMANN *demonstriert* nämlich die Taufe den Anbruch der *Gottesherrschaft* im Leben eines Menschen und die gemeinsame Umkehr zu ihrer Zukunft.[14] Ich verweise auf die Spiritualismus- und Individualismuskritik in dieser Definition. Das «öffentliche Lebenszeichen des Heiligen Geistes» ist kein Privatereignis. Ein Mensch, der in die trinitarische Geschichte Gottes hineingestellt wird, wird ein Glied der Christusgemeinschaft.[15] Darum kommt der Taufe eine eminent wichtige Bedeutung für die Mission, die Ökumene und die gesellschaftspolitische Rolle der Kirche zu.

Es erstaunt wohl kaum, dass MOLTMANN mit diesem Programm die protestantische Taufpraxis und Tauftheologie kritisch kommentiert. Er bezieht sich aber nicht auf die Reformatoren. Im Visier ist die altprotestantische Orthodoxie. Denn diese zeige mit ihrer Definition der Taufe

---

[13] MOLTMANN, Kirche, § 3 Die Taufe, 252–268.

[14] Ebd., 252.

[15] Oder wie dies WALTER MOSTERT in seiner posthum veröffentlichten Kirchenlehre formuliert hat: Die *communio sanctorum* ist die Gemeinschaft mit Menschen, die in der Christusgemeinschaft aufgehoben sind; vgl. MOSTERT, Jesus Christus, 74.

als *sacramentum initiationis* und *porta gratiae* eine deutliche Tendenz, die Praxis der Säuglingstaufe zu rechtfertigen.[16] Nach MOLTMANN ist es zwar theologisch korrekt, die Taufe als *Heilsmittel* zu bezeichnen. Die Vermittlung des Heils geschieht einerseits durch Christus selbst als der *causa efficiens* und andererseits durch die Zeichenhandlung als der *causa instrumentalis*.[17] Diese Unterscheidung fällt – wir erinnern uns – bei ZWINGLI unter den Tisch. Für ZWINGLI hat die Taufe überhaupt keine *causa* hinsichtlich des Heils. Für MOLTMANN hat sie es – allerdings auf eine andere Weise als die altprotestantische Orthodoxie es zu sehen vermochte.

Denn die Taufe ist, recht verstanden, ein *kreatives Geschehen*, insofern sie nämlich die Umkehr der messianischen Gemeinde in der Gesellschaft *demonstriert*. In einer fest gefügten christlichen Gemeinschaft, die als *Corpus Christianum* alle Glieder einer Gesellschaft umfasst, wird diese Bedeutung freilich in den Hintergrund gedrängt. Weil aber in der spätmodernen Christentumspraxis das religiöse Sinnsystem lockerer, pluralistischer und diffuser geworden ist, muss die Freiheit der Glaubensentscheidung wieder deutlicher zum Vorschein kommen.[18] MOLTMANN zieht daraus folgende Konsequenz:

> «Die Taufe kann ihrem Sinn entsprechend nur praktiziert werden, wenn zugleich die öffentliche Gestalt und Funktion der Kirche in der Gesellschaft verändert wird und die Kirche als messianische Gemeinschaft Christi erkennbar und aktiv wird. Eine glaubwürdige Taufpraxis kann nur zusammen mit einer glaubwürdigen Kirche gewonnen werden. Keine Taufreform ohne Kirchenreform, und keine Kirchenreform ohne Taufreform!»[19]

MOLTMANNs Kritik hat zwei Spitzen: Sie richtet sich gegen die Privatisierung und die Verinnerlichung der Taufe. Statt am individuellen Heil orientiert sich MOLTMANN an der Gottesherrschaft, die mit Jesus angebrochen ist. MOLTMANN bringt mein Dilemma, das ich eingangs geschildert habe, auf den Punkt. Bleibt es nämlich bei der bürgerlich-reli-

---

16 MOLTMANN, Kirche, 254.
17 Ebd., 253.
18 Ebd., 257f.
19 Ebd., 258.

giösen Formation der Kirche in einer «christlichen Gesellschaft», dann würde eine einzelne Erwachsenentaufe bei allgemeiner Säuglingstaufe nur zur Verinnerlichung der Taufe auf ein persönliches Leben führen, das privat gelebt werden müsste, oder sie würde zu einem Leben im separierten Kreis der Bekehrten führen. In beiden Fällen würde die Taufe den Charakter eines öffentlichen Bekenntniszeichens des Widerstands und der Hoffnung verlieren.[20]

Dass das nicht der Intention der Taufe entspricht, die der auferstandene Christus der Kirche befohlen hat (Mt 28,16ff.), ist für MOLTMANN klar. Sein Schlüsselargument: Jesus hat die Täufereschatologie übernommen und verändert.[21] Die Gemeinde wiederum hat dieses Erbe aufgenommen und christologisch und pneumatologisch uminterpretiert. Die Taufe ist deshalb «praktizierte Eschatologie» und «Hoffnung in Aktion». Sie wird bei Paulus zur Konkretisierung der Christus- und Geistgemeinschaft der Glaubenden, die zum Glauben, zum neuen Gehorsam und zur Gerechtigkeit ruft.[22] Sie stiftet eine neue Identität, die eben darin besteht, sich gegen die Verweltlichung zu stellen und für die Welt da zu sein.

Für MOLTMANN ist deshalb der Weg zu einer neuen, glaubwürdigeren Taufpraxis eine Entscheidung für die Taufe der Glaubenden, Berufenen und Bekennenden.[23] Er weiss aber, dass sich alte Gebräuche nicht plötzlich ändern lassen und spricht sich für einen *Lernprozess* aus. Als erster Schritt soll der Tauftermin freigegeben werden. Das heisst, es darf niemand zum Taufaufschub gezwungen oder es darf Eltern die Taufe ihrer Kinder nicht verweigert werden. Aber es soll keinen *Taufautomatismus* mehr geben. Erst dann soll an die Stelle der Säuglingstaufe die Segnung und danach ein Konfirmandenunterricht treten, der sich an alle mündigen Menschen richtet – ein Unterricht, der zur Taufe führt.

Wer Ohren hat zu hören, hört den Zeitgeist in diesem flammenden Statement. Es ist ein Mix aus der Missionstheologie der Ökumene, politi-

---

[20] Ebd.
[21] Ebd., 259f.
[22] Ebd., 263.
[23] Ebd., 266.

scher Theologie und Kirchenreformpathos. Die Crux dieses Modells ist seine Umsetzung. Denn …

> «[o]hne die neue Gemeinschaft in einer tragenden Gruppe kann dieser Weg vom einzelnen nicht beschritten werden. Nur in dem Masse, wie die Kirche aus einer unverbindlichen Gesellschaftsreligion zu einer erkennbaren messianischen Dienstgemeinschaft am Reich Gottes wird, können einzelne ihre Berufung im beschriebenen Sinne realisieren. Umgekehrt aber entsteht eine solche Gemeinschaft erst aus bekennenden Glaubenden.»[24]

5.3. Widerstand gegen den Widerstand

Dieser Vorschlag zur Umsetzung führt zu einem Zirkelschluss. Es gibt keine Taufreform ohne Gemeindereform, aber auch keine Gemeindereform ohne Taufreform. Ich glaube, dieser Zirkel ist dafür verantwortlich, dass es nicht zu der von BARTH geforderten «längst fälligen Reform» gekommen ist.[25] Dass BARTHs «Widerspruch gegen die Sitte bzw. Unsitte der Säuglingstaufe» von wortstarken Theologen wie MOLTMANN aufgegriffen wurde, ändert an diesem Faktum wenig. Gegen die tief sitzenden religiösen Konventionen im Volkskirchentum und die gleichzeitige Erosion des christlichen Bewusstseins konnte die dogmatische Rhetorik und der ganze Pathos der Kirchenreformbewegung wenig ausrichten. Man tauft weiter Säuglinge. Mehr noch! Aus der Amtshandlung wurde eine *Kasualhandlung*. Die meisten Theologen der Gegenwart haben dagegen nichts einzuwenden. Dass das *Corpus Christianum* aufgehört hat zu existieren, blieb eine Einsicht der hohen Theologie, die nicht bis zur Basis vorgedrungen ist.

Die Gründe dafür sind komplex. Generell lässt sich sagen, dass die Wort-Gottes-Theologen sich mit der real existierenden Volkskirche schwer getan haben. Mit der verblassenden Erinnerung an die Kampfjahre und dem Verstummen der letzten Kämpfer ist aber ihr Widerstand gegen die Säuglingstaufe und das Plädoyer für die Glaubenstaufe immer

---

24 Ebd., 267.
25 BARTH, KD IV/4, XIf.

schwächer geworden. Sicher spielt der theologische Generationenwechsel für dieses erlahmende Interesse eine Rolle. Nach der empirischen Wende orientierte man sich wieder stärker an den *Bedürfnissen*. Eine neue Wertschätzung der Symbole und Rituale minderte die spiritualistische Skepsis.

Es wäre aber zu einfach, nur an Entwicklungen in der Theologie zu denken. Seit den 1970er Jahren herrscht nämlich in den grossen Volkskirchen die Angst vor dem Mitgliederschwund. Die grossen kirchensoziologischen Umfragen belegen seither den Trend zum Austritt schwarz auf weiss, zeigen aber auch, was die Menschen in der Grauzone religiöser Diffusität noch in der Kirche hält. Es sind die Kasualien. Und die Taufe gehört zum Fundament der Kasualkirche.[26] Welche verantwortliche Kirchenleitung würde es wagen, an diesem Fundament zu rütteln? Selbst die Fürsprecher des erwecklichen Gemeindeaufbaus wie FRITZ und CHRISTIAN SCHWARZ[27] oder MICHAEL HERBST[28] sahen in den Amtshandlungen eher eine missionarische Chance als eine Gefahr. Wenn Gott dem Abraham aus Steinen Kinder erwecken kann, wird er es auch mit der Säuglingstaufe schaffen. Man braucht also kein Prophet zu sein, um die Chancen für einen Paradigmenwechsel abschätzen zu können.

6.   Schritte statt Schnitte – Wege zur Gläubigentaufe

6.1.   Votum für eine reformierte Tauftheologie

Brauchen wir denn einen Paradigmenwechsel? Vielleicht liegt es auch an der Radikalität des Anspruchs der Barthschule, dass ihr Plädoyer für die Glaubenstaufe so wenig Gehör gefunden hat. Von einem *Schnitt* mit der Tradition erhoffe ich mir denn auch wenig. Es geht vielmehr darum, die Richtung zu bestimmen, in die es gehen soll, und dann pragmatische *Schritte* auf eine grösserer Akzeptanz der Gläubigentaufe hin zu definieren. Gefragt sind Schritte, die in und mit der volkskirchlichen Realität

---

[26]   MOLTMANN, ebd., 255.
[27]   SCHWARZ, SCHWARZ, Theologie des Gemeindeaufbaus, 247.
[28]   HERBST, Missionarischer Gemeindeaufbau, 245ff.

Ralph Kunz

umsetzbar sind. Die Grundlage für eine solche pragmatisch-kyberne-
tische Überlegung ist aber eine Theologie der Taufe, die sich am Halt des
Evangeliums und nicht an der Erhaltung der Praxis orientiert. Eine Dogmatik, die scheidet, können wir uns nicht leisten. Auf eine Dogmatik, die
unterscheidet, sollten wir nicht leichtfertig verzichten.

Ich fasse meine Position zusammen und ziehe ein Fazit: Reformierte
Theologie versteht sakramentale Zeichen prinzipiell als *Zeugnis*. Das gilt
für die Taufe wie für das Abendmahl. Es ist in beiden Fällen Gott, der in
Christus durch den Geist das Heil realisiert. Es ist in beiden Fällen die
Gemeinde, die, «als Christus existierend», inspiriert vom Geist das Heil
aktualisiert. Im Unterschied zum Abendmahl, in dem die Gläubigen sich
gegenseitig des Glaubens vergewissern, setzt aber die Taufe ein einmali-
ges Zeichen nach aussen. Die reformierte Opposition gegen den Sakramentalismus richtet sich nicht gegen den Zeichencharakter der Sakramente, sondern gegen den Versuch, das Heil verfügbar, operationalisier-
bar und manipulierbar zu machen. Andererseits wird die Verpflichtung
betont, dem Zeichen ein Zeugnis folgen zu lassen. Die Pointe einer reformierten Tauftheologie sehe ich darin, dass Heil nur empfangen werden kann und eben diese Empfänglichkeit zum Zeugnis ruft. *Die Praxis,
in der die Täuflinge sich selbst für die Taufe entscheiden, entspricht dieser Tauftheologie besser.*

Reformierte Tauftheologie spricht sich für eine aktive Empfänglichkeit des Glaubens und gegen eine passive «Empfängnisverhütung» aus.
Darum soll auch die Säuglingstaufe, wo sie zum Anlass wird, ein Zeichen
für das Geschenk des Lebens zu setzen, nicht bekämpft werden. Die
Kritik der volkskirchlichen Praxis ist kein stichhaltiges Argument gegen
die Säuglingstaufe. Aber es ist ganz gewiss so, dass die Chancen, die mit
der Taufe in allen Lebensaltern gegeben sind, in der Volkskirche kaum
diskutiert werden.[29] Es gibt keinen vernünftigen Grund, diese Diskussion nicht zu führen.

---

[29] Die «Taufe» ist in der praktisch-theologischen Literatur in der Regel mit
der Säuglingstaufe identisch. Vgl. FECHTNER, Kirche, 82ff. So wird aus der
faktischen Normalität die Norm der Faktizität.

Wenn ich die eingangs aufgeworfene Frage, wie reformierte Taufpraxis verantwortet werden kann, in dieser Weise beantworte, lasse ich mich von der reformierten Theologie inspirieren, aber auch von ihren Widersprüchen zum Widerspruch reizen. Auf eine Frage bin ich noch nicht eingegangen, obwohl mit ihrer Beantwortung eine wichtige Weiche für die Diskussion gestellt wird. In der strikten Unterscheidung von Zeichenhandlung und Heilsereignis liegt die Logik, dass nicht die Taufe als Zeichenhandlung, sondern der Glaube an Jesus Christus und die Versöhnung Gottes mit der Welt heilsnotwendig sind. Das einzige Sakrament, das heilsnotwendig ist, heisst Jesus Christus. Ist das nun eine reformierte Position? Oder ist es schlicht und einfach ketzerisch? Ich bin überzeugt: Es ist gute Theologie.[30] Aber sie soll nicht in die Sackgasse des Spiritualismus führen. Zeichenhandlungen sind für den Glauben weder notwendig noch überflüssig. Sie sind mehr als notwendig (E. JÜNGEL), denn sie bringen das einzigartige Geschenk der Gnade Gottes als *Zeugnis* der Eltern oder des Täuflings einmalig zum Ausdruck.

Ich folge MOLTMANN, wenn ich betone, dass die Taufe den Willen zur Umkehr demonstriert und bewegt. Wer mit der Taufe ein Zeichen setzt, setzt in Gott, in sich und in anderen etwas in Bewegung. Es gibt deshalb keinen Grund, die Taufe von Kleinkindern (oder älteren Kindern!) zu verbieten, sofern die Eltern bezeugen, ihr Kind auf die Bestätigung der Taufe vorzubereiten. Aber es gibt gute Gründe, die Glaubenstaufe zu fördern, weil sie auch beim Täufling (und in der Kirche!) mehr bewegen kann, als es zur Zeit der Fall ist. MOLTMANN betont die politische und kollektive Dimension dieser Bewegung. Die Gemeinde soll eine Dienstgemeinschaft werden. Das Anliegen teile ich, das Unbedingtheitspathos bereitet mir Mühe. Darum setze ich auch einen stärkeren Akzent auf die individuelle Glaubensgeschichte. Mein Kernargument für die Förderung einer Taufe in allen Lebensaltern geht eben dahin, dass die Taufe, die auch für den Täufling (und nicht nur für die Eltern) ein bewe-

---

[30] Ich folge BARTH und JÜNGEL; vgl. JÜNGEL, Kritik, 25ff. Diese Kritik richtet sich nicht gegen das sakramentale Verständnis der Taufe, sondern gegen den Heilsautomatismus im Sakramentalismus! Vgl. dazu auch KÜHN, Taufe, 726.

gendes Erlebnis bedeutet, einen symbolischen Mehrwert für die Gemeinde und das Glaubenssubjekt einspielt. Weil sie einen Haftpunkt in der Biografie hat, wird aus einer *kognitiven* eine *emotive* Erfahrung.[31]

6.2. Votum für eine reformierte Taufpraxis

Eine reformierte Tauftheologie soll zur Reform der Taufpraxis anstiften. Wenn ich trotz der Bedenken gegen die Säuglingstaufe ein Sowohl-als-Auch und nicht ein Entweder-Oder propagiere, könnte dies als Reflex eines Theologen interpretiert werden, der sich durch theoretische Kompromisse nicht in die praktischen Nesseln setzen will. Ich habe mit dem Bekenntnis meiner eigenen Widersprüche begonnen. Also kann ich auch so enden. Nur würde ich meine Haltung lieber als eine entschiedene Öffnung für beide Grundtypen der Taufe verstanden wissen.

Wenn ich mich für Schritte in Richtung einer erneuerten Taufpraxis ausspreche und nicht einem Schnitt mit der alten Praxis das Wort rede, ist für mich nicht ausgeschlossen, dass auch die Säuglingstaufe (gerade als Kindertaufe) ein grosses Reformpotenzial hat.[32] Darum sage ich es noch einmal mit einem Zitat von KARL BARTH: «Ich erwarte für die Kirche nicht alles Heil davon, dass es in Sachen der Säuglingstaufe zu Durchbrüchen kommt.»[33] Ich füge hinzu: Ich erwarte für die Kirche nicht alles Heil davon, dass es zu einem Bruch mit der Säuglingstaufe kommt. Eine Kirchen- bzw. Gemeindeleitung, die theologisch besonnen ans Werk geht, muss die Gefahr einer möglichen «Zwei-Klassen-Gemeinde», die durch das Nebeneinander einer Taufe mit unterschiedlich akzentuiertem Zeugnischarakter wächst, erkennen und bannen. Sie wird sich aber von dieser Angst nicht lähmen lassen, die Glaubenstaufe zu fördern. Das kann freilich nicht von oben herab geschehen! Nur im

---

[31] Wichtig ist die Wahrnehmungsfähigkeit, Resonanzfähigkeit und Erinnerungsfähigkeit der Täuflinge. Das Alter ist sekundär. Vgl. dazu STUHLMANN, Kindertaufe, 198–200. STUHLMANNs Argumente für einen «Taufaufschub» und für die «Kindertaufe» statt der Säuglingstaufe überzeugen mich. Aber ich lese sie als Argumente für eine prinzipielle Öffnung der Taufe.

[32] Vgl. dazu STUHLMANN, Kindertaufe, 198ff.

[33] BARTH, KD IV/4, XII.

konziliaren Lernprozess, mit geistlicher Phantasie, liturgischem Gespür und theologischer Bildung wird aus dem möglicherweise verwirrenden Nebeneinander ein klärendes und befruchtendes Miteinander.[34]

Es gibt viele Wege, die zum Ziel einer reformierten Taufpraxis führen. Zum Beispiel die Feier der Tauferinnerung in der Osternacht oder neue Offensiven im Bereich der evangelischen Bildungsarbeit.[35] Um auf konkrete und exemplarische Beispiele einzugehen, ist hier nicht der Raum. Entscheidend ist, dass wir in allem, was wir für eine Reform der Kirche und der Taufe tun, beharrlich und fröhlich Christus nachfolgen.

Bibliografie

BARTH KARL, Die christliche Taufe, KD IV/4, Zürich 1967.

BAUMGARTNER MIRA, Die Täufer und Zwingli. Eine Dokumentation, Zürich 1993.

BULLINGER HEINRICH, Das Zweite Helvetische Bekenntnis, Zürich 1966.

CORNEHL PETER, Taufe VIII, Praktisch-theologisch (TRE 32), Berlin/New York 2001, 734–741.

FECHTNER KRISTIAN, Kirche von Fall zu Fall, Gütersloh 2003.

FREUDENBERG MATTHIAS, «… und Zwingli vor mir wie eine überhängende Wand». Karl Barths Wahrnehmung der Theologie Huldrych Zwinglis in seiner Göttinger Vorlesung von 1922/23, Zwa XXXIII (2006), 5–27.

FUGEL ADOLF, Tauflehre und Taufliturgie bei Huldrych Zwingli, Bern 1989.

Gesangbuch der Evangelisch-reformierten Kirchen der Deutschschweiz, Basel/Zürich 1998 [= RG].

GRETHLEIN CHRISTIAN, Kindertaufe – Kasualie und/oder Sakrament? Soziale Geburt und/oder Eingliederung in den Leib Christi, ThPr 23 (1988), 108–115.

—, Konfirmation als neuer Tauftermin? Kritischer Bericht über eine Umfrage in West-Berlin, PTh 80 (1991), 204–215.

---

[34] Mit GRETHLEIN, Kindertaufe, 115.

[35] Immer noch Bedenkenswertes für eine Reform der Säuglingstaufe enthält LEUENBERGER, Taufe in der Krise, 87ff.

Ralph Kunz

HERBST MICHAEL, Missionarischer Gemeindeaufbau in der Volkskirche, Stuttgart ³1993.

JÜNGEL EBERHARD, Zur Kritik des sakramentalen Verständnisses, in: FRITZ VIERING (Hg.), Zu Karl Barths Lehre von der Taufe, Gütersloh ²1972, 25–43.

KÜHN ULRICH, Taufe VII. Dogmatisch und ethisch (TRE 32), Berlin/New York 2001, 720–734.

LEU URS, SCHEIDEGGER CHRISTIAN, Die Zürcher Täufer 1525–1700, Zürich 2007.

LEUENBERGER ROBERT, Taufe in der Krise, Zürich 1973.

MOLTMANN JÜRGEN, Kirche in der Kraft des Geistes. Ein Beitrag zur messianischen Ekklesiologie, München 1975.

MOSTERT WALTER, Jesus Christus – Anfänger und Vollender der Kirche. Eine evangelische Lehre von der Kirche, hg. v. JAN BAUKE-RÜEGG u. a., Zürich 2006.

SCHWARZ FRITZ, SCHWARZ CHRISTIAN A., Theologie des Gemeindeaufbaus. Ein Versuch, Neukirchen-Vluyn 1984.

STUHLMANN RAINER, Kindertaufe statt Säuglingstaufe. Ein Plädoyer für den Taufaufschub, PTh 80 (1991), 184–204.

ZWINGLI HULDRYCH, Rechenschaft über den Glauben, in: DERS. Schriften IV, hg. v. THOMAS BRUNNSCHWEILER, SAMUEL LUTZ, Zürich 1995, 93–131.

Autorenverzeichnis

HAFNER THOMAS, Pfarrer der Evangelisch-Reformierten Kirche des Kantons Aargau.

KEMMLER DIETER, Pfr. Dr. theol., Dozent für Neues Testament und Griechisch am Theologisch-Diakonischen Seminar Aarau (TDS).

KUNZ RALPH, Pfr. Dr. theol., Professor für Praktische Theologie an der Theologischen Fakultät der Universität Zürich.

LUCHSINGER JÜRG, Pfarrer der Reformierten Kirchen Bern-Jura-Solothurn.

OTT BERNHARD, Dr. theol., Leiter des Theologischen Seminars Bienenberg Liestal (TSB).

WEBER BEAT, Dr. theol., Pfarrer der Reformierten Kirchen Bern-Jura-Solothurn und Dozent für Altes Testament am Theologischen Seminar Bienenberg Liestal (TSB) und Theologisch-Diakonischen Seminar Aarau (TDS).